# 尋找復原力

人生不會照著你的規劃前進，勇敢走進內心，每次挫敗都是讓你轉變的契機

美國諮商博士、執業諮商師
留佩萱——著

獻給我的父母
——因為你們的復原力，讓我來到這裡。

獻給我的哥哥、嫂嫂、妹妹
——因為我們的復原力，讓我們現在在這裡。

獻給我的姪女晨晨、姪子威威和立立
——你們讓我看見復原力，姑姑愛你們。

以及獻給閱讀這本書的你
——因為復原力，我們可以繼續走下去。

〔推薦文〕

# 學習更靠近自己、愛自己

李崇建（作家／教育家）

我曾與佩萱同台演講，那是在三年多前，我們受「長耳兔心靈維度」之邀，彼此各進行一段短講，接著由我與她對談。雖然名之為對談，但其實我是學習者，大多由我提問，她回應心理、關係與教育的議題，佩萱具備專業與經驗，是扎實有料的寶藏。

那一次我對她印象深刻，她的面容清新秀麗，談吐溫暖、敏銳、真誠且謙虛，有著強大的整合能力，主講時上下穿梭舞台，照顧每一個聆聽者。我從她那兒學習新資訊，瞭解如何活用知識，從此打開一扇視窗。

那一次佩萱的講座，闡述何謂童年創傷，以及創傷帶來的影響。她介紹哈佛大學研究依附理論的學者講解「面無表情實驗」，成為我日後推廣「好奇對話」的依據，學習與建構成長的取向，從此有系統吸收歸納。

佩萱善於整合資訊，並連結自身經驗發展清晰、易懂、易操作的訊息，從那次對話之後，我成為她的書迷，閱讀她每一本著作，並且都有所學習。《尋找復原力》亦是這樣的寶藏。

佩萱以非常簡單的語言，陳述人們常遇到的困難，適時帶入名家的資訊，以資訊佐證與演繹，帶領讀者覺察與認識自己。她循序漸進地引導，學習如何安住當下，為自己帶來身心和諧，也為關係帶來新的可能。

這本書的脈絡從自我成長開始談，再連結生活中的關係，再從關係中回到自我，談內在的脆弱、如何擁有復原力。佩萱也坦誠分享自己關於受傷的經驗及如何學習愛自己，讀來在知性上有收穫，在感性上也倍覺療癒。

本書沒有艱澀的語言，引述的專家資訊，一經佩萱敘述與歸納，都成了簡單可理解的方向，尤其佩萱在每個段落停下來，羅列與整合操作步驟，將讀者可能不清晰的、不真確明白的部分，或已經認知卻未曾實踐的，透過佩萱的連結與引導，收到融會貫通之效。

比如「不要抱怨」是大家熟知的，但是要怎麼表達呢？本書清晰地教你：哪些事是可以的？為什麼可以？要怎麼做？

書中教導如何覺察與應對，關於身體的感覺，關於情緒的出現，並且引用專家資訊解釋為何這樣做是有效的。

表格的設計與填充，我也親身體驗了，在填寫表格時，就是對自己進行覺察，是一種善待自己的方式。本書有知識的理解，有了練習的方式，也有真實的體驗。

佩萱在書中溫暖的敘述，一步一步進行解說，讀者會深有感覺，彷彿一位溫暖的心理師，或是專屬的心理教練，被請回家中貼身教導。

身為佩萱的讀者，還有曾為她的聆講者，我很感謝她所帶給我、讓我學習與成長的部分。我也趁著她這本書的出版，藉由一篇小序，獻上對她的感謝，也邀請所有的讀者，一起來參與本書，在佩萱的引導中，學會更靠近自己，更瞭解自己且更愛自己。

〔推薦文〕

# 復原力，就是從逆境中彈回的能力

高小帆（兒童福利聯盟兒童創傷療癒中心營運長）

身為兒童保護的工作者，接觸了太多長期經歷虐待與嚴重疏忽的兒少，由於創傷的經驗而喪失了基本的安全感和對人的信任。在陪伴他們的過程中，最需要建立和小心呵護的，便是兒少內在的復原力。

雖然無法抹去孩子們經歷過的巨大痛苦，但是誠如留佩萱諮商師書中所引述心理學家弗蘭克（Viktor Frankl）所說的：「你可以從一個人身上奪走所有東西，但有一樣東西你永遠無法奪走，就是這個人的自由——他如何選擇、如何回應發生的事情。」

於是我們協助受創的孩子們理解：復原力在情緒與身體裡，學習辨認情緒、與情緒共處，以及調節身體狀態，創造安全的環境讓他們看見自己的心理傷口，並且細心照料每一個心理傷口，讓心理傷口癒合，進而走出屬於他們不一樣的人生軌跡。

同樣的，也期望你能透過《尋找復原力》這本書，一起找出從逆境中彈回並撫平傷口的那股力量。

〔推薦文〕

# 讓復原力更加茁壯與強大

胡展誥（諮商心理師／作家）

二〇二〇年，突如其來的疫情不僅打亂人們生活的步調，也奪走無數條生命。那些生活中你我原本習以為常的購物、上學、旅遊、交通，瞬間變得困難重重。隔在口罩後方的，不僅僅是悶熱不便，更是充滿無助的擔心和焦慮。

無論人類多麼努力，在生老病死與各種意外面前，總是凸顯出我們的脆弱與渺小。想要重新找回生命的勇氣，不是去改變世界，而是學習覺察與照顧自己。正如同佩萱在書中提到的：「外在物質永遠填不滿內心空洞。要填補內心，就必須往內心走進去。」

面對創傷，我們只能夠回到自己身上，學習「站起來，再一次重新開始」。心理學將這種能力稱作「復原力」。慶幸的是，人們與生俱來不同程度的復原力，只要透過有方向的練習，可以讓這種能力變得更加茁壯、更加強大。

無論是因為疫情而心煩，或苦於受過往各種創傷的影響，請放心，你只要擁有愛自己的意願，剩下的，就讓佩萱的文字來陪伴你邁向療癒之路吧！

〔推薦文〕

# 雖然生命很難，我的心依然柔軟

胡嘉琪（諮商心理學博士／華人創傷知情推廣團隊召集人）

認識留佩萱，是從網路文字交流開始，後來在電話中，我們分享生活在美國的不容易，以及在遠方關心台灣的各種複雜心情。每一次對話，佩萱總是讓我讚嘆著，這是個充滿學習力，又活得好真實的朋友啊！於是，我好開心收到這份關於復原力的書稿，這個十月，我一邊閱讀著書稿，也一邊回頭整理自己。

人到中年，與自己同齡的人，都可以算是這個社會上的中生代了吧？中生代，感覺上應該是社會的中堅份子，我們好像更有面對逆境的復原力與勇氣了。真是如此嗎？我誠實地看著自己與身邊的中生代們，我看到的是，或許，不再年少輕狂的我們，會不會已經太擅長於戴著面具去扮演有生產力的社會角色？擁有社會資源與地位的中生代能夠看到，不管是離婚後再婚，離職後再換新工作，生病後復健身體，「站起來，再重新一次開始」，這背後包含著多大的痛苦與煎熬，需要付出多大的代價。

包括我自己在內的中生代，內在其實有一部分很害怕跌倒與失敗，但越是恐懼，我們就越有可能卡在失去生命活力的中年危機當中。於是，我們這群中生代好需要看見自己身上已經培養出的復原力，才能夠有勇氣面對生命中必然會來到的逆境！

閱讀佩萱的新書，我看見，中年的自己雖然在面對過去幾個月排山倒海而來的世界危機時，還是會因為覺得承受不了而「逃跑」到閱讀小說的世界中，但這樣的「逃跑」，也讓自己可以承接住比之前更沉重的諮商個案量。然後同時間，我也不斷在練習佩萱書中寫到的，「重新去愛那位害怕失敗的內在小孩」！

而這樣練習陪伴自己的過程，需要在關係中才能發生，感謝跟我一起擺爛又一起不放棄的朋友們，我才能重新去愛那位害怕失敗的內在小孩。就如同佩萱在書的後半段提醒大家：復原力，來自人與人之間的連結。

最後，我想到有首歌可以來總結我對這本書的推薦。「雖然生命很難，我的心仍然柔軟」，這是吳青峰的歌《柔軟》中的兩句歌詞。剛聽到時候，覺得這真是助人工作者的心情，助人工作者見證到這世間諸多創傷與苦難，但同時也繼續保持一顆柔軟的心。而這首歌的最後一句：「每天到底有多少人，死於心碎？」我覺得答案就是，大多數人都不會輕易地死於心碎。雖然當我們面對生命逆境時「那痛啊痛啊無以匹配」，但是當我們有一顆柔軟的心，能擁抱自己內在的脆弱時，不管再痛，我們都擁有復原力！

〔推薦文〕

# 成為自己最強大的守護者

理科太太（知名 YouTuber）

當身體有病痛時，大部分人會向外求助；當心正在歷經失去、失望、失敗和背叛時，你是怎麼處理心中的傷口呢？

我的成長環境，把我教育成一個有淚不輕彈的人，不表現出困擾他人的情緒，被視為是高情商的表現，因此，我把自己壓抑了三十年。有一度，即便情緒來了，我卻感受不到那是什麼感覺，察覺不到自己正在歷經痛苦，直到身體再也承受不了這些壓力，讓我在幾個月內病倒，必須完全放下手邊的一切休養，那對我是很大的打擊。但現在，我很慶幸我復原了，而且在這個過程中，學到許多經驗，並且更了解自己。

身體經過半年的休息，漸漸復原後，我意識到我虧欠了自己三十年，我必須做一個更大的功課——為自己的心理療傷。我有了自己的諮商師，花七個月的時間才有辦法正常生活。你看，我花在心理復原的時間比身體復原還久。期間我也才真正接觸到如何成熟地接住自己，開啟復原的過程。

留博士書中有很多話像是對我說的。當然，這本書是寫給所有人的，每個人的成長過程中，或多或少會經歷一些傷：有些事過境遷已經記不太清楚；有些不處理，會像影子一樣影響你的重大決定，進而影響整個人生。

我學會正視自己生命中那些大大小小的傷口，去回憶和經歷那些痛，然後花時間讓這些傷口復原。擁有復原力，不代表就不會痛了、沒有感覺了，而是能夠帶著不舒服的感覺，得到一些經驗，在未來的日子裡，帶著傷口繼續為人生努力，然後看著傷口慢慢癒合，看著自己的勇氣隨之增長。

然後有一天我發現，我變成了心中那個小女孩最強大的守護者。當然，心中的小女孩將來還是會受傷、還是會哭，但我已經可以低聲告訴小女孩，我們會好好的，因為我已經有一套包紮自己的方式。

希望你也能在留博士的書中，找到那些觸動你的部分，然後帶著這份能量，開啟自己的復原之旅。

〔推薦文〕

# 願復原力與你同在

瑪那熊（諮商心理師／戀愛顧問）

二〇二〇年影響我們最大的，就是突如其來的疫情，不但迫使我們放棄原本計畫，打亂了習慣的步調與生活，甚至干擾了身心，許多負面情緒不斷滋生。在愛情旅程中，我們也常遭遇突如其來的變化，例如交往多年以為感情穩定，卻一夕之間被提分手，或發現對方其實早已劈腿、狠心離去；也可能兩人曖昧十足，只差臨門一腳確認名分，卻莫名其妙被對方疏離，感嘆惋惜。幾次情場失利下來，讓你無力又茫然地懷疑，自己為何總是選錯了人、做錯決定？

愛情如同生活，從來不是一帆風順的事情。如何在遭遇風浪時，好好穩住自己，平安通過暴風圈，航向更清晰的未來，與我們的復原力量息息相關。唯有培養復原力，才能在跌倒後重新站起，成為更有魅力的人，邁向下一段感情。

這本書全面性地剖析復原力各種因子，溫暖的文字結合清楚的敘述，相信能助你對「脆弱」與「挫折」有不同的看法，且讓它們重新化為再度出發的能量。願復原力與你同在，擁有更美好的愛情與生活！

〔推薦文〕

# 復原的藝術

劉仲彬（臨床心理師／作家）

每個人都會死，但不是每個人都真正地活過。

這是電影《英雄本色》（Braveheart，Mel Gibson 那一部）的經典台詞，但最能感同身受的，或許是劫後餘生的倖存者們。因為他們知道每個人都會死，也知道活下來不代表真正活著。

創傷後倖存，通常是事件的終點，但它帶來的尾勁，才是現實的起點。對倖存者而言，活下來有時只是在延續呼吸，衝擊仍舊架空了自己的身心，能繼續呼吸固然走運，但他們更渴望活回受創前的狀態。因此本書給出的答案，不是存活的技能，而是復原的藝術。

復原的第一步是觀察傷口，包括正視自己的脆弱，學習容納哀傷。接下來，嘗試調整對創傷事件的「解讀方式」，不讓傷口持續惡化。第三步，練習修復因創傷而撕裂的人際破口。最後一步，重新思考傷口對自己的意義。

可以肯定的是，這一路不會太輕鬆，也許步履蹣跚，但若能踏實走完一輪，就不會只是路過人間，而是活過一回。

〔推薦文〕

# 培養逆境中的回彈力

Nana（「哇賽心理學」心理師）

生活總是一直在變動，除了歡欣愉悅的日子，難免也有挫折和失去。面對這些快速的變動，我們如何自處與適應？

同樣身為心理師，我們都在治療室中協助個案建立復原力。佩萱心理師在《尋找復原力》一書當中，以清楚易懂的文字、溫柔的筆觸、親切的舉例和實用的活動，逐步引導讀者學習對身體與情緒的自我覺察、對負向情緒的涵容、對慣性思考模式的調整，以及建立維繫真摯的人際關係。讓人理解在每一次的危機中，都能選擇自己要如何做回應，從中賦予意義和成長。

復原力不是指你不會受傷、不會心碎，而是在覺得心好累的時候，更願意細心溫柔地照料自己，再繼續向前邁進。期待本書的出版，能協助更多人在生活中找到內在蘊含的力量與資源，培養出在逆境中的回彈力。

〔推薦文〕

# 學習一步步擁抱混亂

NeKo 嗚喵（說書人／YouTuber）

社會風氣一直將失敗視為不可取、羞恥、不願提起的傷痛之類的……，事實上，是人都不喜歡挫敗的感覺！可是我認為面對失敗的態度，就是一個人如何面對自己、面對人生很重要的一個關鍵。一直不斷地加油打氣、跌倒了只求快點站起來的心態也不是不可以，但我更想知道是為什麼跌倒了？有沒有受傷？需不需要擦個藥、打個破傷風？

二〇二〇年真的是很玄也充滿了哀傷和肅殺之氣的一年。經濟體系在這一年面臨了巨大轉變，從前在家工作是個很難達成的條件，現在出門工作反而冒著很大的風險；許多人面臨了生死離別，連明星在這一年的殞落都特別有感地多……然而，這都是人生的一部分，失敗才是人生常態。

利用書中教大家的復原力，一步步擁抱混亂吧！

# 目次

## Part 2

### 復原力在情緒和身體裡



## Part 3

### 復原力在大腦裡

## Part 4
# 復原力在關係裡



## Part 5
# 當危機過後，你要帶走什麼？

〔前言〕

# 站起來，再一次重新開始

開始動筆寫這本書時，是二〇二〇年的六月，六月是台灣的畢業季，這是個充滿興奮，又讓人焦慮茫然的季節。一群新鮮人離開校園，進入社會，腦海中有個對於人生的美好想像，期待生命接下來照著自己所規劃的展開。

但可惜人生並不是這樣。學校沒有教我們的，是你會失敗、會心碎、會失望、會面對失去與疾病、會有許多不確定性、事情不會照著你的計劃、人生許多事情你無法掌控。很多時候突然發生的事件，會瞬間把你的世界翻轉或擊碎；而你會成為什麼樣的人，來自於你選擇如何回應這些事件，以及你從中學習成長了什麼。

二〇二〇年爆發的新冠病毒疫情，讓我們許多人的世界都被翻轉了。

六月時，我看到了美國社工系教授布芮尼・布朗（Brené Brown）博士在德州大學奧斯汀分校的畢業典禮致詞影片。因為疫情，這是一場線上的畢業典禮，布朗教授在螢幕前穿著畢業袍，對著畢業生說話，而她的主題是：不要害怕跌倒。

布朗教授提到，人生不會照著你的規劃和預期的時間軸進展，而最重要的是，我們擁有「站起來，再一次重新開始（Get back up, begin again）」的能力。也就是在每一次失敗、人生不如預期時，你能夠起身，重新開始。

布朗教授是一位世界知名的學者和作家，她出版了非常多本暢銷書，這些書被翻譯成各國語言，她的TED演講「脆弱的力量」則是有史以來點閱率最高的演講之一。

如今看似非常成功的布朗教授，則是在這段畢業致詞中，非常真摯地分享自己在人生道路上不斷跌倒的經歷。她在高中畢業時，準備進入德州大學奧斯汀分校就讀，但她沒預期到的是家裡發生了一些變故，讓她脫離本來計劃好的軌道。當時離開校園的她做過各種工作，像是居家清潔工、餐廳服務生、酒保，也在電信公司工作許久……，當她決定重回大學時，因為之前的成績太低，需要先到社區大學修課做補救教學。讀完博士班後，她寫了一本書，但投稿時到處碰壁，沒有出版社願意幫她出版。

這些經歷似乎不是一般大家眼中「成功順遂」的道路。布朗教授說，這就是她的人生旋律——跌倒，站起來，重新開始。

你的人生道路也有你自己的旋律，不管是走得通順或跌倒，這些都是人生的一部分。我猜想，許多人在二〇二〇年都在人生道路上跌了一跤，有些人摔得較輕，有些人摔得十分慘烈。一場世界大流行來得又快又劇烈，你可能突然間失去工作、失去你辛苦打造的公司或企業、失去健康、失去摯愛的親友、失去過往的自我認同、失去本來的人生規劃、失去以前的正常生活、失去對未來的想像、失去對這個世界的信任……

我們從本來行走的人生道路上摔了下來，然後呢，現在該怎麼辦？

## 復原力，就是「站起來，再一次重新開始」

身為一位心理諮商師，我在諮商室中聽到許多創傷、失去與各種掙扎，但是，同樣從這些個案身上，我看到非常強大的韌性——他們每一位都在人生道路中摔跌，但是都繼續往前走著，這樣的韌性總是讓我非常感動。

這次的疫情，更讓我對於人類所展現的韌性感到無比欽佩。疫情帶來劇烈衝擊，但世界上許多人還是繼續努力地生活，在紛亂、失敗、心碎、痛楚當中，繼續度過每一天。

也因為被如此美麗的韌性與生命力所感動，我決定開始寫這本書。

你可能會好奇：為什麼有些人在經歷失敗後好像人生就卡住了，而有些人卻可以繼續前進？**心理學家定義的「復原力」（Resilience），是指一個人從逆境中彈回的能力。**復原力，也就是布朗教授在畢業致詞中提到的：**站起來，再一次重新開始。**

當然，每個人現在的復原力程度來自於過去的成長經歷和資源，但好消息是，**復原力並不是天生注定的，而是可以後天培養的。也就是說，你可以從現在開始，幫助自己建立復原力。**

布朗教授說，能夠「站起來，再一次重新開始」的祕訣，就是「脆弱」（Vulnerability）。許多人在聽到「脆弱」兩個字時，會聯想到「軟弱」、「不夠堅強」等負面含意，但研究上，脆弱的定義是：不確定性、承擔風險，以及面對情緒。當一個人願意讓自己脆弱，表示在不知道結果會如何的情況下，他願意去做、去嘗試、去表達內心的情感，以及去面對可能產生的各種情緒。

這樣說來，「站起來，再一次重新開始」的確是一件讓人脆弱的事情，因為當你爬起來，重新開始，就表示你可能會再跌落，要再度經歷失敗所帶來的痛苦。

一個人有多勇敢，來自於他多麼願意讓自己脆弱。站起來，再一次重新開始，是一件脆弱的事，是一件非常有勇氣的事。

## 每一次的失敗，都是建立復原力的好機會

人生唯一確定的事，就是「會不斷改變」。就算沒有疫情，我們的生命都會充滿變故、失去、心碎、痛苦與失敗。我們能夠掌握的，是當這些事件發生時，自己要如何回應。

有復原力並不表示跌落時不會感到痛楚、崩解、失望；相反地，有復原力表示你願意讓自己去感受情緒，從每一次痛苦的跌跤經驗中去探索學到了什麼，然後帶著這些新知識和體會站起來，再一次重新開始。

要建立復原力，並不是要你做什麼英勇的行為，而是來自日常生活中的微小事情——來自你如何處理情緒、面對想法、調節身體狀態；來自你能夠走入自己的內心，傾聽自己的聲音，正視自己的恐懼；來自你願意讓自己脆弱，和真實的自己連結，也與他人建立真摯的連結。

二〇二〇年，疫情讓這個世界充滿了失去與心碎，但我也看到，這個世界充滿了復原力。

每一次的人生跌跤，都是建立復原力的好機會，這也是我想寫這本書的目的——幫助你從每一次的挫敗中學習與成長，建立更高的復原力。

不管你現在站在哪裡、跌落在哪裡，我們就從那裡開始吧！

Part 1

# 在逆境中，建立復原力……

我們無法掌控生命接下來會發生什麼事情，
但我可以在每一次挫敗發生後，
幫助自己建立復原力，讓心理傷口癒合。

## 01 當人生A選項消失

在寫這本書的幾個月前，我讀到了科技公司臉書的營運長雪柔・桑德伯格（Sheryl Sandberg）的著作《擁抱B選項》（*Option B*）。

在二〇一五年的一次渡假行程中，桑德伯格的丈夫大維・高柏（Dave Goldberg）在健身房意外驟逝，讓她深陷劇烈的哀慟中。我深刻地記得在閱讀這本書時，心中也感受到哀傷的重量，我想著：摯愛的伴侶突然間驟逝，那是多麼大的傷痛。

從那一刻起，桑德伯格本來運行好好的世界被擊碎了，她再也回不去原本的世界了。

我們每個人的生命都可能發生這樣的驟變，這些事件將你本來熟悉的世界擊碎，讓住在過去那個熟悉世界的自我也消失了。

《擁抱B選項》書中有一段話讓我印象深刻，桑德伯格寫著，先生過世不久後，學校有一場需要父親參與的親子活動，朋友說他可以幫忙去參加，而桑德伯格哭著說：「但是我想要大維去！」

朋友回應他：「現在已經沒有A選項了，我們就從B選項開始吧！」

## 當人生只剩B選項

二〇二〇年的疫情讓我想寫這本書，因為我看到一場世界大流行把我們許多人本來熟識的世界擊碎，讓我們的A選項突然消失了。桑德伯格在一場訪談中說：「現在，許多人可能都只剩下B選項了！」

疫情發生之後，過去的這一段期間，我看到了許多人本來生命中的A選項都消失了：

被裁員、被放無薪假、一路以來努力打拚的公司經營不下去要倒閉了；

旅行計劃被取消、婚禮無法照常舉行、本來滿心期待要參加的活動都被取消了；

暑假實習機會沒了、面試到一半的工作被暫停、本來拿到的工作機會被收了回去；

孩子的學校或托育中心關閉了，大人在家線上工作，每天全家人都被關在家裡充滿爭執；

你經營的餐廳或店面空蕩蕩，沒有人來光顧；

你擔心自己或家人的健康，尤其家中有年紀稍長的長輩；

你和你的伴侶都失去工作，家中還有兩個年幼的孩子，你們不知道接下來該怎麼辦；

你的家人過世了，但因為疫情，身在國外的你無法趕回來見最後一面；

你對於公司裡不戴口罩的人、不遵行社交距離的人感到生氣，只要聽到有人咳嗽或打噴嚏，你就感到緊張；

和伴侶爭吵越來越加劇，你對這段親密關係感到失望、憤怒與孤獨；

與伴侶或朋友分享心情，卻換來對方冷嘲熱諷地說：「你應該要充滿感激才對，在台灣已經很幸運了！世界上其他地方更慘。」讓你覺得有情緒很不對，怎麼會這樣不知感激；

你很討厭現在的工作，但是因為疫情讓你覺得不應該辭職，每天卡在厭煩的工作中；或者你本來就處於待業狀態，疫情讓你找工作的階段更加充滿焦慮和壓力；

你處在一段不滿意的關係中，正在抉擇要不要離開這段關係，而疫情帶來的未知與不確定性讓你害怕提分手；或者因為疫情，你的伴侶更需要你，你對於現在提分手感到愧疚，但待在這段枯死的關係又讓你精力耗竭；

你處在一段充滿肢體或精神暴力的關係中，因為疫情讓伴侶情緒更不穩定，你覺得很羞愧，不敢說出來，也不敢尋求協助。

以上這些，是我聽到許多人在疫情中的經歷與感受。我猜想，你在閱讀這些經歷時，或許有些共鳴。其實這些經歷，我們每一個人都有可能遇到，雖然我們有各自的故事，但在這些獨特的故事中，我也看到許多相似性——失去摯愛、被背叛、離婚或戀情分手、工作被裁員、職場失敗、與家人關係惡化、和同事或合夥人關係破裂、得到疾病失去健康、學業表現不如預期、處在枯死的親密關係中、被傷害、經歷天災人禍、發生意外……等等。

那你呢？你記得人生旅程中，你心中的A選項消失的時候嗎？當時發生了什麼事？我想邀請你花一點時間，把人生中經歷的這些事件寫下來。

## 重新學習如何處理「心理傷口」

現在，請你回去讀你寫下的這些事件。當A選項消失、面對失敗與困境時，你是如何面對的？當時的你，有哪些情緒或想法？你如何處理那些情緒？你習慣獨自面對，還是會說出來？你有尋求別人的協助與支持嗎？你覺得這些事件如何改變了你？你從中學習到什麼？

當我回想從小到大的失敗、挫折與困境時，我覺察到自己有很大的轉變。在踏入心理諮商領域前，我習慣獨自面對，而且在遭遇困境與挫敗時，我會覺得很羞愧，認為是自己的問題，這讓我更不敢說出來或尋求協助。

開始學習心理諮商後，我理解到，原來我從小並沒有學習過要如何處理心理傷口，並且，我也意識到，這個社會面對身體疼痛和心理疼痛的態度非常不同。如果你今天走路不小心跌倒，擦傷了膝蓋，你覺得很痛，但我猜想你的內心並不會質疑：「擦傷會痛是正常的嗎？」你也不會這樣責備自己：

「擦傷怎麼可以痛？怎麼這麼沒用?!」你會做的事，是趕緊去消毒傷口、擦藥、包紮，如果傷口惡化，你可能會去看醫生。這些都是你從小被教導受傷之後該做的事情。

**我們從小就被教導要如何處理身體傷口，那心理傷口呢？**

就像身體會受傷生病，我們的心理也會受傷——遭遇創痛、失敗、被拒絕、失望、被背叛、經歷失去……，這些都是「心理傷口」。有心理傷口是非常正常的事情，但是許多人面對心理傷口的處理方式，是責備、質疑和羞辱。「我怎麼會為了這點小事難過？」「我是不是反應過度？」「我是不是太敏感了？」「我怎麼這麼軟弱？」

這樣面對心理傷口的方式，就像是拿著刀子繼續往傷口處割了好幾刀，不但讓傷口無法好好復原，還更加惡化。

這就是我以前處理心理傷口的方式，我猜想，這也是很多人現在面對心理傷口的方式。

在成為諮商師的培訓中，我需要不斷地做自我探索與成長，讓我開始學習用另一種方式處理心理傷口。當我寫這本書、大量閱讀關於復原力的資料時，我發現，原來過去幾年我做的探索與成長，就是在幫助自己建立復原力。而在諮商室中，我所做的事情也是在幫助個案建立復原力。

復原力是指一個人從逆境中彈回的能力；對我來說，**復原力就是處理心理傷口的能力**。擁有很高的復原力並不是指你不會受傷，你還是有心理傷口，每一次受傷時還是會很痛。但是，你不會忽略傷口、假裝沒受傷，或是放任傷口惡化，而是願意去看見自己的心理傷口，並且細心照料每一個心理傷口——消毒、包紮、花時間讓這些傷口癒合復原。

**在傷口癒合後，站起來，再一次重新開始**。**這就是復原力**。

人生本來就充滿各種變化與意外，心理受傷是非常正常的，我們每個人都可以學習如何好好面對心理傷口，幫助自己建立復原力。

# 02 復原力，是可以培養的

你可能會好奇，擁有高度復原力的人是什麼樣子？復原力包含哪些特質？以及要怎麼樣建立復原力呢？

而你覺得復原力是什麼？當你聽到「復原力」這個詞時，會聯想到哪些特質或哪些詞彙？我想邀請你拿出紙筆，寫下幾個你聯想到跟復原力有關的字詞。

寫這本書時，我請出版社的工作同仁們做這個小活動，大家寫下的詞彙包含：受傷、挫折、結痂、癒合、眼光、轉念、正向思考、振作、重新、逆境重生、勇氣、沉澱、過程、時間、信心、期待、希望、溫暖、扶助……，這些都是非常重要的詞彙，也傳達了復原力的各種面向。

首先，我看到了「受傷、挫敗」。在人生道路上，我們都會經歷許多傷痛，而每一次的失敗和挫折，其實都是建立復原力的好機會。因為建立復原力就像鍛鍊肌肉一樣，需要一些壓力與阻力。

再來我讀到了「結痂、癒合」。也就是說，每一次受傷後，你能夠給自己的心理傷口一個復原的環境，包含了給自己的每一種情緒一個空間，好好接納自己。

接著是「眼光、轉念、正向思考」。這些詞彙提到了復原力中非常重要的特徵——我們如何看待挫敗與壓力？如何從逆境中學習？

再來，我讀到「重新、逆境重生、勇氣」。復原力就是你能夠重新開始的能力，當本來的計劃無法運行時，你可以嘗試新的方法；每一次的新開始，都非常需要勇氣。

接下來的詞彙我也非常喜歡，「沉澱、過程、時間」說明了任何復原和成長都沒有快速解藥，這是一個過程，需要你花時間進入到自己的內心。

「信心、期待、希望」這幾個詞也是復原力的重要關鍵，讓你在黑暗的隧道中，抱持著信念，相信再繼續往前走，就會看見光。

最後兩個詞彙「溫暖、扶助」也非常重要。很多人想到復原力時，想到的是「自己該怎麼做」，但是，人是群居的動物，擁有高復原力也需要其他人——我們需要有人可以讓我們倚賴和支持，人與人的連結是建立復原力的重要基礎。

現在再邀請你回去看你寫下的詞彙，你寫下的字詞跟上述提到的是否相似呢？

## 復原力，就是從逆境中彈回的能力

再來，我們看看學術研究上是怎麼定義復原力。

研究上有幾種定義復原力的方式，但大致來說，「復原力」就是**能夠藉由改變適應方式，從逆境中彈回的能力**，並且，**能夠從逆境與挑戰中成長**。

除了復原力的定義外，研究人員也去探討哪些特質讓人有較高的復原力？以及我們要如何提升復原力？

美國賓州大學的正向心理學中心，在過去二十多來年大量研究什麼是復原力，並且根據這些研究建立了一套課程，訓練企業人士、政府單位、軍人、醫護人員等等提升復原力。

在這套復原力課程中，他們教導了六項復原力技能，分別是：自我覺察（Self-Awareness）、自我調節（Self-Regulation）、心智敏捷（Mental Agility）、樂觀（Optimism）、自我效能（Self-efficacy）和連結（Connection）。

讀到這六個詞彙時，你可以先猜想一下他們是什麼意思？然後，一邊讀下列解釋，也請你一邊反思：你覺得自己在這些復原力技能上表現如何？在過去經歷挫敗時，你有用到這些技能嗎？

一、**自我覺察**：自我覺察指的是能夠覺察到自己的情緒、想法或反應的能力。想想看：一天當中你有多常暫停下來去觀察內在發生了什麼事？你能夠辨識自己有哪些情緒嗎？能夠為這些情緒命名嗎？你能夠觀察到自己有哪些想法，並且覺察到這些想法如何影響你嗎？你能夠辨認身體有哪些感受或是反應嗎？

二、**自我調節**：自我調節是指你知道該如何調節自己的情緒、想法、和壓力。當情緒冒出來時，你能夠接納並處理情緒，而不是被情緒掌控，或是卡在情緒當中。你能夠觀察到自己身體神經系統的狀態，並且做調節，幫助神經系統平穩下來。

三、**心智敏捷**：心智敏捷能力指的是你能不能跳出僵化制式的思考，用不同的觀點去解讀和看待事情，或是讓自己用不一樣的思考模式去想事情。當你面對壓力和挫敗時，能不能用不同的角度去看待挫折？你會把失敗視為「我不夠好」，還是視為可以從中學習的機會？當一種方式不再有效時，你能不能想出其他解決辦法？

四、**樂觀**：樂觀包含了我們是否相信未來會變得更好，除此之外，樂觀也包含了我們如何看待壓力。你會把壓力源視為「這是一個我可以克服的挑戰」，還是把它看成「這是一個威脅」？當我們把壓力視為挑戰時，我們會想辦法克服；但當我們把壓力視為威脅時，我們就會想要逃跑。樂觀也包含了我們是否能夠接納那些無法掌控的事情，能否把精力放在自己能夠掌控的事物上做改變。

五、**自我效能**：指的是你是否相信「自己辦得到」、「能夠達到所設目標」。自我效能也包含了你是否了解自己擁有哪些優點，並且在遇到挑戰與挫敗時，能夠善用自己的長處特質。

你知道自己有哪些優點與強項嗎？在過去遭遇挫敗時，你都是如何善用你的優點幫助你度過挫敗？

**六、連結：**擁有良好的人際關係是建立復原力的重要基石。在你生命中是否有可以信賴的人？你是否覺得不管發生什麼事情，都有人可以讓你倚靠、給予你支持？連結也不僅僅是人際關係，有些連結來自於「比自己更大的力量」，可能是你的信仰、和大自然親近時的連結感，或是你覺得生命充滿了使命感。

在讀完這六項復原力技能後，請你反思一下，你覺得自己的復原力程度如何呢？如果替自己的這六項技能程度各自評分（1分最低，10分最高），你覺得這六項技能，你的程度各是幾分？請你在以下圖表線段中圈點出自己的分數位置。

1. 自我覺察

1　　5　　10

2. 自我調節

1　　5　　10

3. 心智敏捷

1　　5　　10

4. 樂觀

1　　5　　10

5. 自我效能

1　　5　　10

6. 連結

1　　5　　10

## 每個人都可以幫助自己建立復原力

在替自己的六項復原力技能打完分數後，你現在感覺如何？你觀察到了什麼？

如果你覺得自己現在的復原力程度並不好，也沒關係，因為研究顯示，復原力是可以培養的，這本書的目的就是要幫助你建立更高的復原力。

你現在的復原力程度很大一部分來自於成長經歷，譬如說，若童年時期沒有人教你如何面對和處理情緒，那麼現在的你就比較無法覺察情緒和調節壓力。如果成長過程中只要一失敗，就會被羞辱嘲諷，那很當然的，你會將壓力源視為威脅，想要逃避所有可能的失敗。若成長過程中你被訓練出僵化的思考模式，那麼現在的你，自然更難跳出框架思考。

除了童年經驗之外，生理氣質和基因也會影響一個人的復原力。我們無法改變童年已經發生的事，也無法改變自己的基因，但是上述研究列出的六項復原力技能，都是我們每一個人可以學習培養的。

我們每個人都可以藉由學習和練習來提升自己的復原力。這本書會幫助你培養與建立這六項復原力技能，也邀請你在一邊讀這本書的過程中，可以時時回來檢視這六項技能的評分，看你在每一項能力上是否有所改變。

## 03

# 毒性正能量，讓我們不願意看見失敗

復原力是我們從挫敗中彈回與成長的能力，但首先，我們需要「看見」挫敗。

幾年前，我讀到了一份「失敗履歷」（CV of Failures）。美國常春藤名校普林斯頓大學教授約翰尼斯．豪斯弗爾（Johannes Haushofer）博士，在網路上放了他的「失敗履歷」。在這份失敗履歷中，他列出了所有求學過程中拒絕他的學校、找工作時所有被拒絕的職缺、所有沒得到的獎項及獎學金、所有投稿時被拒絕的學術期刊文章，以及所有申請而沒拿到的研究經費。

他在這份失敗履歷上寫著：「我做的大部分事情都失敗，但這些失敗是隱形的。大家只看得到成功，所以我們認為別人的成功似乎輕而易舉，然後認為失敗是自己的問題。」他希望這份「失敗履歷」可以讓大家看見失敗，提供一些不同觀點。

學術圈並不是一個容許展現脆弱的地方，很少人會談論失敗，大家都是「假裝你都會，直到你真的辦到」（英文有一句話叫做 “Fake it till you make it.”）。所以我非常感激豪斯弗爾教授願意公開展示他的失敗履歷，讓大家看見他的失敗。

而現在我們每個人，其實也都有一份公開展示的履歷——你的社群網站。在這份「履歷」上，你可以放上所有想展示的東西：學歷、就讀學校、工作職稱、美麗的照片、去哪裡旅遊、吃了哪些美食、和哪些人聚會、感情多甜蜜、人生有哪些成就……等等。

每天，我們在社群網站上滑著一份又一份亮麗的履歷，這些光鮮亮麗的履歷，讓我們看不見真實的人生其實充滿著掙扎與困境。於是，你認為當自己過不好時，就是自己有問題。

而當我們無法真正去面對挫敗與困境，就無法從中成長與學習。

## 當我們開始隱藏掙扎與挫敗

我們活在一個非常強調成功、正向和快樂的社會，社群媒體上充斥著各種「正能量」勵志語句，像是：「往正面想」、「你一定會克服一切的」、「永不放棄」、「要感激」、「要看見每一件事情的光明面」……

當然，要快樂沒有不好，我自己也滿喜歡讀這些勵志語，這些句子偶爾也會給我一些動力，幫助我繼續往前走。這些勵志語說得也都沒有錯——能夠讓自己去感激擁有的一切、能夠在每一次挫敗中看見可以學習的地方、可以看見光明面，這些都是一個人擁有很高復原力的特徵。

但是，當「要正向快樂」變成唯一的價值時，就像是我們拿著勵志語丟向正處在痛楚中的人，要他們趕快把負面情緒清乾淨，這樣反而讓許多人不敢表達內心的痛苦，不敢談論失敗，開始隱藏情緒，戴上一切都很完美的面具，甚至，在自己過得不好時，會覺得很羞愧、很自責、不敢求救。

近年來，網路上出現「毒性正能量」（Toxic Positivity）這個詞，描述了這樣強調「只能正向」的社會氛圍。

以下是一些常見的「毒性正能量」症狀，請你花一點時間反思，你是否也有這些症狀呢？

- 會刻意隱藏你的真實情緒（尤其是負面情緒）。
- 想推開某些情緒，像是告訴自己：「這沒什麼好難過的！」或是對於自己的負面情緒感到羞愧。
- 當別人與你分享他的負面情緒或挫折時，你試著要把他的負面情緒趕走，像是告訴他：「你已經很幸運了，可能還有更慘的狀況！」
- 你會告訴別人：「好了不要再難過了。」「趕快好起來。」「想些快樂的事情就好。」「這不用這麼生氣吧？」「生氣又沒有用！」
- 你在社群網站上放「勵志語」貼文，然後批評那些沒有這樣正向思考的人。

如果你覺察到自己出現「毒性正能量」症狀，這是很正常的，畢竟這個社會不斷灌輸我們要開心、要正向的觀念。覺察就是改變的第一步，能夠覺察到自己有這些想法與行為，是非常了不起的事情。

## 是我太玻璃心了嗎？

近年來我也常在網路上讀到「玻璃心」這個詞。網路上寫著，玻璃心是指「一個人的心像玻璃一樣易碎，用來形容敏感脆弱的心理狀態，經不起批評指責或者嘲諷，很容易就受到打擊」。

讀到「玻璃心」這個詞時，我覺察到心中冒出許多排斥感，心想：這不就是在加劇毒性正能量嗎？

當一個人感受到痛苦時，還要懷疑自己：「我這樣是不是太玻璃心了？」或者當一個人終於鼓起勇氣想表達自己的情緒時，還要擔心：「如果表達自己其實過得不好，別人會不會認為我太玻璃心、太經不起挫折了？」

在諮商室中，我也很常聽到個案有這些懷疑：「我是不是太敏感了？」「我朋友說別人根本沒有這個意思，是你太敏感了！」而這些內在質疑反而讓他們更加痛苦。

如果你也這樣覺得，你一點都不孤單，來自二〇二二年的一份研究顯示，當受試著被要求「不應該感到負面情緒」時，他們反而感覺到更強烈的負面情緒。因為害怕被批評為「有玻璃心」，我們更加不敢去談論失敗與挫敗，不願意去面對自己的心理傷口。

用「玻璃」來形容人的心，是一件很有趣的事情。當一個東西是玻璃製的，我們要非常小心地拿著或是存放，不小心摔到就會破裂。用玻璃來形容心，表示我們要嘛小心翼翼不可以有任何挫敗，不然摔破了，就壞了。於是，許多家長努力保護孩子，不讓孩子受到任何挫折或失敗。

如果用玻璃來形容易碎的心，那麼毒性正能量就是要把我們的心變成「鋼鐵」，怎麼摔都不會壞、不會碎。但是，如同鋼鐵般堅硬又僵化的心，是感受不到情緒的。生命是由喜悅與痛苦共同交織而成，我們會經歷快樂、感激、喜悅、挫折、心碎、失敗、失望……等各種情緒，而挫敗與心碎這些經歷，都可以讓我們的心變得柔軟，待人更溫柔。**當心成為鋼鐵般堅硬時，我們就無法感受情緒，無法真實地活著。**

或許我們可以拋開「易碎」或「不易碎」這樣僵化的二元法來定義心智，而是改用另一種不同的角度——把心智當成鍛鍊肌肉一樣。

你在做重量訓練時，會需要循序漸進增加負荷重量，因為肌肉鍛鍊需要這些阻力與壓力才能強化肌肉。同樣的，**建立復原力，就是在鍛鍊你的心智肌肉，每一次的挫折與失敗，就像是使用重訓器材時再多增添的一點重量，**

都可以幫助你增加復原力。

建立復原力的第一步，是要能夠去看見與面對挫敗。但是這個充滿毒性正能量、動不動批評人「玻璃心」的社會，讓我們喜歡去評價正在經歷失敗、正在掙扎的人，讓失敗成為一件很可恥、大家都不願意談論的事情。

同樣在學術圈工作，當我讀到豪斯弗爾教授所公開的「失敗履歷」時，我理解到原來常常被拒絕是很正常的，很多時候並不是因為「我不夠好」。我心裡也想著，如果這個社會上有更多人願意分享他們的挫敗履歷，我們又會如何看待失敗、談論挫敗呢？

所以，我想要邀請你，讓我們一起建立一個社會，讓大家可以談論失敗、挫折與痛苦，因為當這些失敗有空間存在、能夠被看見，我們才有機會去靠近、去面對，才能從這些失敗經驗中增加復原力，能夠學習與成長。

你願意去看見自己的失敗履歷，甚至分享自己的失敗履歷嗎？

## 04 照顧心理傷口，沒有快速捷徑

前陣子，有一位學生跟我分享一首詩。它寫著：「我們經歷同一場暴風雨，但我們各自在不同的船上。」

這句話讓我立刻理解到，疫情所帶來的影響，對於每一個人是如何地不同——我們共同經歷新冠肺炎疫情這場暴風雨，但我們各自在自己的船上。有些人在豪華的渡輪上，非常穩健且擁有許多資源；而有些人在獨木舟上，即將被風雨翻覆。

對某些人來說，經濟壓力不是問題，工作暫停反而多出許多時間休息；而對於某些人，失去工作表示不知道下一餐在哪裡。有些人煩心本來暑假計劃好的出國旅行泡湯了；有些人煩惱暑假找不到人顧孩子，這樣要怎麼去工作？房租繳不出來怎麼辦？對某些人來說，居家令是重新與家人連結、學習新事物的機會；對某些人，卻是每天被關在家裡遭受伴侶的暴力相待。線上工作期間，某些人可以在家中的辦公室工作；而某些人需要和家中其他人共用狹小的空間。

## 各自度過自己的暴風雨

我們每個人都擁有不同的資源和生命狀態，都在用自己的方式度過這場疫情暴風雨。

每個人的人生不也是這樣嗎？就算沒有疫情，我們每個人的人生航程本來就會遭遇各自的暴風雨。有些人正在經歷心碎與失去，有些人正遭遇挫折與失敗，有些人現在一帆風順，而根據你擁有的資源與狀態，每一場暴風雨也會帶來不同的影響。

不管你的人生目前為止過得是否順遂，我們都需要幫自己建立復原力，因為人生唯一確定的事情，就是會不斷改變。沒有人能預測人生航程會發生什麼事，我們每個人都有可能會經歷逆境、變故、失敗與失去。

從集中營中存活的心理學家維克多・弗蘭克（Viktor Frankl）在他的著

作《活出意義來》（*Man's Search for Meaning*）中寫著：「你可以從一個人身上奪走所有東西，但有一樣東西你永遠無法奪走，就是這個人的自由——他如何選擇、如何回應發生的事情。」

我們無法控制這個世界接下來會發生什麼事，我們唯一能掌握的是自己，自己的內心，自己要如何做回應。**不管發生什麼事情，我們都擁有最後的自由——選擇你要如何做回應，選擇你要從這個事件中帶走什麼意義。**

我們可以選擇去好好面對心理傷口，讓自己去感受傷口帶來的痛苦與情緒，然後去照顧這些傷口，讓它們復原，讓自己重新再一次開始。

## 照顧心理傷口，沒有快速捷徑

而這本書的目的，就是想幫助大家建立照顧心理傷口的能力，培養前面所列出的六項復原力技能：自我覺察、自我調節、心智敏捷、樂觀、自我效能與連結。

你的情緒、面對壓力時的神經系統反應，都藏在身體裡，所以，我們就從身體開始——這本書的第二部會教你如何覺察情緒和身體感受，進而培養自我覺察與調節的能力。

擁有高度復原力並不是「不會感到痛苦」，相反的，是每一次挫敗發生時，你願意讓自己去感受情緒、去傾聽情緒，並且從情緒中帶走寶貴的訊息。如果你想要更了解什麼是情緒，也歡迎去閱讀我的另一本書《療癒，從感受情緒開始》。

第三部，我們會進到大腦裡，幫助你學習如何面對腦中的想法，理解自己常使用哪些慣性思考模式，反思自己如何看待失敗與挫折，培養樂觀的解讀風格，以及善用自己的優點。在這裡，我們會學習心智敏捷、樂觀與自我效能，讓你在面對挫敗時，可以善用這些技能。

擁有良好的人際關係是幫助你復原的重要因素，若要擁有高復原力，我們必須學習如何建立與維繫關係。因此第四部我會談論人際關係——如何建立關係、修補關係、有衝突時該怎麼解決、如何溝通與傾聽。你可以運用這些技巧，幫助你自己與身邊重要的人，增進彼此的關係品質。

本書的最後一部，我會談如何從每一次的危機中帶走意義與成長。「危機」是一個很有趣的詞彙，裡面有一個「機」字，也就是說，每一次的挫敗與困境，其實都是一個機會，讓你可以從中學習與成長。

有幾位學者在一九九〇年左右提出了「創傷後成長」（Post-Traumatic Growth）這個詞，正是因為他們的研究發現，在經歷創傷與困境後，許多人在人生不同面向都有正面的成長與改變——像是對生命更抱持感激、改變人際關係、能夠用新眼光看待生命等等。

這個社會喜歡快速捷徑、可以立刻解決問題的方法，可是，**成長與復原是一個過程，並沒有快速解藥**。所以我沒有辦法告訴你照著步驟一、二、三做就好，因為人很複雜，復原與成長的過程很混亂。**你需要做的是給予自己空間與時間，去經歷這個過程**。

在經歷逆境後成長，不代表你不會感受痛苦，相反地，你的成長正是來自於和這些痛苦共處。

沒有人希望發生這些逆境或失去，如果可以，我希望你的人生都可以順順利利，但是我們無法控制未來會發生什麼事情，我們唯一能掌控的，是事件發生之後，你要如何回應。

## ✤ 不管你在哪裡，我們就從這裡開始

二〇二〇年爆發的新冠病毒肺炎疫情，讓我看到了台灣是個充滿高度復原力的國家。台灣從二〇〇三年的SARS（非典型肺炎）經驗中學習，讓這次能夠在疫情剛開始時就成立應對中心，發展措施來做應對。

這段期間我也看到，每一次壓力源出現時，台灣就能夠想出新的辦法來解決問題：口罩量不夠，就發展生產線來製作口罩；人民搶購口罩造成恐慌，就發展出一套系統讓每個人都買得到口罩；疫情指揮中心陳時中部長在每天的記者會上提供資訊，也幫助大家平撫焦慮。當世界各國因為疫情的失控而需要實施封城或居家令時，台灣的人們可以繼續照常生活，還能夠提供其他國家防疫協助。

台灣展現了極大的復原力——可以很有彈性地改變方式，想出不同方式應對出現的新挑戰，然後，從逆境中彈回。看到自己的國家充滿復原力，讓在海外工作的我覺得非常感動，也感受到被台灣好好地照顧著。

我們每個人也都可以學習提升復原力，在遇到逆境與挫敗時，讓自己能

夠彈回。

我們每個人在各自的船上，航行在自己的人生旅途上中，不管你現在在哪裡——人在哪裡、心在哪裡、狀態在哪裡，不管在哪裡都好，我們就從這裡開始。

Part 2

# 復原力在情緒和身體裡

當我們有能力接納每一種情緒，
那麼當任何情緒出現時，都是被歡迎的。
這樣，當你待在自己的身體裡，
就可以有在家的感覺。

05

# 在身體裡，有在家的感覺

在南非，大家見面打招呼時會跟對方說：「Sawubona!」「Sawubona」這個詞來自於祖魯語，意思是：「我看見了你，而藉由看見你，你得以存在。」

第一次聽到「sawubona」這個詞，來自於美國哈佛大學心理學家蘇珊・大衛（Susan David）博士的演講，當時覺得這句話好美，也好有道理。人類是群居動物，我們需要與人連結，每個人都需要被看見與被聽見——因為你看見了我，我得以存在；我看見了你，讓你得以存在。

而我也想著：我們每個人，能不能也對自己說「sawubona」？

如果我們能對自己說：「我看見了你，看見了你的每一種情緒和感受。」

如果每個人都能夠真實地看見自己，也能坦然面對自己的內心，那會是什麼樣子呢？

## 生命中不只有快樂，也有痛苦

這本書的第一部，簡單介紹了什麼是復原力，而培養復原力很重要的兩項技能，就是自我覺察與自我調節——也就是說，你能夠覺察到自己有哪些情緒與感受，並且能夠去面對和調節。

我曾經讀過一句話：「Feel at home in your body.」翻成中文就是：「在你的身體裡，有在家的感覺。」這句話讓我思考了很久，也讓我想到諮商室中許多個案提到，他們無法「待在」自己的身體裡，因為感覺太不舒服、太痛苦了。

基思．理查茲（Keith Richards）是英國的歌手、作曲家，也是一位毒品成癮者。他在他的回憶錄中寫著：「我們使用各種扭曲的方式，就是為了可以有幾個小時的時間不用和自己相處。」使用毒品，幫助他可以短暫「逃離」，不用和自己相處，不用去感受痛苦情緒。

那種「待在」自己的身體裡不舒服的感覺，我猜想我們多少都可以體會，也各自有「逃離」的方式。我的方式是工作，因為工作或忙碌時就不需要去感受情緒。你的方法有可能是逛街掛網買東西、飲食、看電視、追劇、滑手機、排滿忙碌行程、讓自己不斷參加聚會派對、沉溺於社群網站、打電動等等，我們都有各自的方法來逃避令人難受的痛苦情緒。

但生命是由快樂與痛苦所共同組成，當我們推開痛楚，也就一併推開了喜悅。每一次經歷挫敗、失去與困境，產生痛楚的情緒都是很正常的。情緒是我們面對內在或外在環境的回應，任何一種情緒都沒有對錯，但是當我們不斷逃離痛苦情緒，就失去了學習與痛苦情緒共處的機會。

我們可以練習看看，去歡迎與接納每一種情緒，讓你在身體裡，有在家的感覺。

## 你是天空，可以容納每一種氣候

我想先邀請你做一個小活動。

請你拿起手機，設定三分鐘的時間。然後在這三分鐘內，閉上眼睛，去覺察你的內在世界或外在世界發生了什麼事情。

你觀察到什麼？

你可能會發現，光是這短短三分鐘內，所有事物都不斷改變——聽到的聲音、聞到的氣味、身體的感受、冒出的情緒、腦中飛逝的想法，從這一秒到下一秒，都不斷在改變。

生命中唯一可以確定的就是會不斷改變，沒有一件事情能夠永恆不動。所有事物都是暫時的，情緒也是。

我很喜歡用天氣來向個案比喻情緒，你的情緒就像是內心世界的天氣，有時晴空萬里，有時颳風，有時下大雨，有時來一場暴風雨。每一種天氣都是暫時的，會不斷改變，就跟情緒一樣。

許多個案會問我：「情緒來的時候該做什麼？」

我會告訴他們：「情緒出現時，你什麼都不用做，只要去感受。」不管是哪一種天氣，你都無法去反抗或改變它，情緒來臨時也是一樣。你不用去改變或控制情緒，只需要去接納、去感受。

「感受情緒」指的是，每一次情緒出現時（在這個當下、此時此刻），你能夠去注意：覺察到什麼？身體感受到什麼？你覺得這是什麼情緒？這個情緒在你身體的哪個部位？然後，讓自己和這些身體感受待在一起。

心理師塔拉．布拉赫（Tara Brach）在她的書中比喻，當我們能夠讓自己回到「當下」（be present），就能讓自己變成「天空」——你不是烏雲，也不是暴風雨，你是那片遼闊的天空，你有廣闊的空間，容納得下每一種情緒與感受。

在情緒出現時，練習回到「當下」，讓自己變成天空，然後讓烏雲飄過，讓暴風雨經過——讓情緒出來，也讓它離開。

## 自我疼惜，溫柔地和自己在一起

把自己變成天空來容納每一種情緒氣候，並不是一件簡單的事情，至少對我來說並不容易。有些時候，我會發現自己變成了烏雲，變成了暴風雨，而這些時候，我們更需要溫柔地善待自己。

我非常喜歡克麗斯廷．涅夫（Kristen Neff）博士提出的「自我疼惜」（Self-Compassion）概念。自我疼惜有三個重要的元素，第一個是對自己仁慈。當我們失敗、感到痛苦時，我們能夠溫柔地對待自己，而不是忽視痛楚或是批評自己。你可以對自己說：「對啊，碰到這樣的事情的確會讓人很難過。」「找工作階段，真的會有許多焦慮啊。」自我疼惜來自於坦然接納自己的不完美，因為身為人就是不完美；在不完美之下，我們都值得被愛，值得好好對待自己。而正在感受痛楚的你，需要你溫柔的對待。

第二個元素，也是這個概念中我最喜歡的，就是理解到痛苦情緒是人類共有的經驗。常常我們感到痛苦時，會覺得「只有我一個人這樣」，讓痛楚之外又再加上一層孤獨。現在，當負面情緒冒出來時，我會告訴自己：「這是羞愧的感覺，其他人感受到羞愧時，也是這樣的感覺吧！」「這是焦慮的感覺，現在這個世界上有許多人跟我一樣擁有這樣的情緒。」這樣的練習，讓我在感受痛楚時，多了人與人之間的連結，覺得自己一點都不孤單。

自我疼惜的最後一個元素，就是「覺察」（Mindfulness）——能夠去觀察這個當下正在發生的事情。也就是說，當情緒出現時，你能夠覺察到情緒，並且知道情緒就是情緒，情緒並不是你。你讓自己成為遼闊的天空，可以容納情緒暴風雨，可以讓暴風雨經過，然後離開。

很多人會誤以為，擁有復原力是指不會感到受痛楚，但相反的，復原力來自於我們有能力建立空間給所有的情緒——有個空間給悲傷、給喜悅、給憤怒、給失望、給感激、給痛苦……

我一直都相信，每個人都有足夠的內在力量可以幫助自己復原，你已經擁有所有你需要的內在資源與工具。身為一位心理諮商師，我要做的事情就是幫助個案進入到內心，找到內在資源，為自己復原。

當我們有能力接納每一種情緒，那麼當任何情緒出現時，都是被歡迎的，都可以有回家的感覺。

這樣，當你待在自己的身體裡，就可以有在家的感覺。

06

# 面對哀悼，學習失去的藝術

二〇二〇年一月初，結束聖誕節假期，我從台灣回到美國，在飛機上看了電影《我想念我自己》（*Still Alice*）。電影中的主角愛麗絲・赫蘭是一位傑出的教授和知名語言學家，在五十歲時被診斷出早發性阿茲海默症，開始失去記憶與自主生活的能力。

電影中有一個讓我印象深刻的情景，是赫蘭教授在阿茲海默症研討會上的演講。在演說一開始，她引用了美國詩人伊莉莎白・畢曉普（Elizabeth Bishop）的詩：「失去的藝術並不難駕馭，許多東西似乎本來就是要被失去的，所以它們的失去並不是場災難。」

身為知名學者，「演講」曾經是赫蘭教授生活中重要的一部分，而因為患有阿茲海默症，這場演說她必須把講稿印出來，每唸完一句就用螢光筆畫線，不然她會忘記自己已經講過。赫蘭教授說：「人生中我努力累積而來的一切，現在全部都被剝奪走了，患有阿茲海默症後，我每天都在學習失去的藝術。」

電影結束後，我腦中一直迴繞著這句話：「許多東西似乎本來就是要被失去的。」而當時的我也完全沒預料到，一個多月後疫情爆發，生活一夕之間被翻轉，這讓我深刻體會到，原來過去認為理所當然的事情——可以輕鬆走在人群中、去任何地方、去餐廳用餐、工作中可以和人面對面互動……，都是會被失去的。**我們擁有，直到不再擁有，獲得與失去是一體兩面，而我們總是在失去後，才理解到原來擁有的是如此可貴。**

二〇二〇年讓我深刻學習到失去的藝術，但人生，不正是不斷學習失去的藝術嗎？生命中可能會發生任何事情，把你擁有的東西奪走；不僅如此，所有的改變，就算是好的改變，也都伴隨著失去，因為改變代表著過去熟悉樣貌的消逝；所有的成長也都在面對失去，每踏入一個新階段，都需要你放下舊階段的某些部分。

生命沒有一件事情是永恆的，我們不斷地在面對失去。

不管你現在正在經歷哪些失去，我們可以去看見，然後為哀傷命名。

## 看見失去與哀傷

二〇二〇年的疫情，讓這個世界裝滿了失去與哀傷。在我交書稿時，全世界已經有超過五千萬人確診感染新冠病毒，超過一百萬人感染死亡，每一個數字都是一個寶貴的生命，我們也一起感受著這樣的集體哀傷。

但「失去」不僅僅是生命的死亡，任何形式的「死亡」都是失去。人生中，除了面對摯愛過世外，我們都會經歷屬於自己版本的「死亡」——失去工作，失去自己辛苦打造建立的企業，失去婚姻或戀情，失去關係，失去健康，失去住所，失去本來的人生規劃，失去對未來的想像，失去對這個世界的信任或安全感……等等。這些都是失去，都需要被哀悼。

長期從事哀悼諮商的心理師大衛·科斯勒（David Kessler）說：「我們要先為哀悼命名，因為唯有覺察到這是哀悼，才能讓自己開始哀悼。」

我觀察到，很多時候我覺察到哀悼時，內心會冒出質疑的聲音：「這樣的失去夠嚴重嗎？我可以感到難過失望嗎？」譬如在疫情期間，我常常會告訴自己：「跟別人比起來，我的失去根本就不算什麼，這有什麼好失望難過的？」「比起許多人，我現在實在非常幸運，應該要充滿感激！」

我想邀請你花點時間回想，人生中面對失去時，你的內心是否也會出現這些聲音？如果你也覺察到內心出現評價自己的聲音，你一點都不孤單。美國社工系教授布芮尼．布朗解釋：我們在面對痛苦與失去時，很容易「做比較」，然後認為自己的失去並不嚴重，就會開始指責自己擁有的情緒。

聽到布朗教授分享時，我感到鬆了一口氣。原來我不是唯一一個會這樣感受的人！我們習慣去比較痛苦，是因為我們誤以為同理心是「有限的」——我們把同理心當成一個蛋糕，如果我多給自己幾片蛋糕，那麼能給你的蛋糕片數就會減少。我們認為：如果給自己的哀傷同理心，那麼能夠給予別人的同理心就會減少。

但是同理心並非「有限」，你可以給自己的痛苦同理心，也可以同時給別人的痛苦同理心。你的失去與哀傷，是屬於你的感受；而別人的痛苦與失去，是屬於別人的。

就算你覺得自己的失去「沒那麼嚴重」，你的失去正是你的感受，它值得擁有一個空間。同樣的，別人的失去也需要好好被見證，不管你認為這些失去是微小或劇烈，每一個人的哀傷都值得擁有一個空間。

**當另一個人在哀悼時，我們可以給予陪伴，你不需要去指導或建議他該怎麼做，因為他正在用自己需要的方式哀悼。你需要做的，是去見證哀傷，給予陪伴。**

如同痛苦不能被比較，哀悼的方式也無法被比較。我們常常誤以為別人應該要用跟你一樣的方式哀悼，而當對方沒有這麼做時，你可能就會有各種猜想，像是：「你為什麼沒有像我一樣難過？」「你為什麼沒有哭？難道他對你不夠重要嗎？」但是，哀悼並沒有一種「正確」的方法，我們每個人都在用不同方式哀悼。

## 哀悼，需要情緒的流動

心理學家伊莉莎白・庫伯勒—羅絲（Elisabeth Kübler-Ross）提出了哀傷五階段，分別為：否認、憤怒、討價還價、悲傷、接受。她提出這個階段是想讓大家知道，哀悼的過程中有這些情緒和反應都是正常的，這些階段也不是線性，哀悼不用照著這個順序走。

哀傷不是問題，不需要「被解決」；哀傷需要的是一個空間讓痛苦能夠舒展，能夠被見證。哀悼需要情緒流動，當我們壓抑情緒不去感受時，這些哀傷就卡住了。

我很喜歡的心理學家蘇珊・大衛博士在她的演講中分享，她的父親過世時，當時十五歲的她假裝什麼事都沒發生一樣，每天笑臉迎人，而為了壓抑痛苦，她開始用暴飲暴食來麻痺情緒。直到後來有一位老師給她一本日記本，鼓勵她把任何情緒都寫下來，她才開始讓哀傷一點一滴冒出來。

面對哀悼，你需要讓自己去感受，讓情緒流動。社會心理學家詹姆斯・佩內貝克爾（James Pennebaker）發現，利用寫作抒發情緒，對人有非常正面的影響。如果你想嘗試，也可以每天花十到二十分鐘的時間，在這段期間內自由書寫：坦然寫下自己的情緒和感受，這些字句不需要通順，不用寫給別人看。你也可以寫完就把檔案刪掉，或是把紙撕掉，這是屬於你自己的哀傷情緒，你只需要為自己而寫。

當然，寫作並不是唯一一種方式，還有其他許多方式可以讓情緒流動：

你可以說給信任的親友或是心理師聽，你可以藉由繪畫、音樂、舞蹈、肢體律動或任何你喜歡的方式去創造和表達。

## 哀悼中，也讓自己能夠感受喜悅

念碩士班時，我在當地社區的一個哀悼支持團體當志工。每兩個禮拜，這些哀悼中的家庭會聚在一起，彼此分享心情與支持。記得一次聚會中，有一位先生已過世的妻子說：「這是他過世幾個月來，我第一次感到開心，第一次有幾分鐘的時間，腦中沒有想著他離開了。然後我好內疚，沒有了他，我怎麼能夠感到喜悅？」

從正在經歷哀悼的個案身上，我也常常聽到他們說，在哀悼過程中，好像擁有正面情緒就是不對的。

這個社會喜歡把事情簡化——好或壞、對或錯、正面或負面，我們喜歡用二分法去做分類。但是人很複雜，情緒很複雜，而我們可以練習去握著複雜度，練習抱持著「兩者都是」（Both/And）的眼光：快樂和痛苦、喜悅和悲傷，不同的情緒可以同時存在。當你在哀悼時，要給悲傷空間，也需要給喜悅、感激或其他情緒空間。

當這個世界充滿失去與哀悼時，我們也可以讓自己休息，做讓自己感到快樂的事情。喜悅與感激並不會奪走悲傷的空間。布朗教授說過：「當我們對於自己所擁有的東西充滿感激，才能真正了解別人失去的東西有多大。」

我們如何看待死亡，就說明了我們如何看待生命。恐懼並不會阻擋死亡的來臨，但恐懼會阻擋你真實活著。愛與失去是一體的，如果我們因為害怕而不敢面對哀悼，那我們就是選擇一個沒有愛的人生。

在人生道路上，我們可以繼續學習失去的藝術，讓自己與別人的哀傷都能夠被見證、被聽見。然後，對於我們都還沒精通失去的藝術，可以對自己和別人多一點寬容。

07

# 好好傾聽，內疚在告訴你什麼？

在寫這篇稿子的幾個禮拜前，我的博士班指導教授打電話給我，我們聊了彼此的近況，以及我擔任教職滿一年的經驗和心情。我笑著跟她說，過去這一年，我非常努力地練習「去除學習」那些念博士班過程中所建立的「陋習」——總是在工作、不知道怎麼拒絕或建立界線、覺得別人的需求比較重要，因為心中的內疚感總是對我大喊：「你應該要做這個！」

博士班畢業後，我終於有比較多精力去面對和處理內疚。對我來說，內疚是一個非常熟悉的情緒，就像一位老朋友一樣常常都在。在諮商室中，我也常常聽到個案們談到內疚感——

「當教授請我做這件事情時，我一點都不想答應，但是拒絕讓我覺得很內疚，所以只好答應。」

「我妹妹長期有酒癮問題，我媽媽每天都很憂鬱，我爸媽每次都打給我要跟我說妹妹又怎麼了，但我都不接電話。聽那些重複的事讓我很厭煩，但不理會他們，又讓我很內疚。」

「我在離家這麼遠的地方工作，無法照顧父母，我覺得很內疚。」

不僅僅是對事情感到內疚，我也常常聽到個案分享他們對於擁有某些情緒感到很內疚，像是感到悲傷、焦慮、難受時，心中內疚的聲音就會冒出來說：「你應該要感激才對，不應該有這些感覺！」

研究顯示，一般來說人們一天約花兩小時感受輕微的內疚感，一個禮拜花五小時感受中等程度的內疚，一個月約花三個半小時經歷程度嚴重的內疚感受。這樣看起來，內疚的確是一個非常普遍的情緒。不知道對你來說，內疚是不是也很熟悉呢？請你花一點時間反思，你心中常常有哪些內疚聲音？你會對哪些事情感到內疚呢？如果你願意，請把這些內疚聲音寫下來。

其實，內疚是一個非常重要的情緒，讓我們知道自己可能做錯事了、傷害到人了，或是做的行為和自己的價值觀不符。內疚情緒讓我們去道歉、修正行為，以及彌補過失。

譬如你本來預計要完成一份報告，但卻花了兩小時瀏覽社群網站，你的內疚感可能會讓你重新檢視如何有效工作，或是趕緊規劃另一段時間把報告完成，交給老闆。或者，你對朋友說出了傷人的話，內疚讓你真摯地向對方道歉，並且更加檢視之後該如何說話。這些內疚感很重要，幫助我們維持人際關係，讓我們的行為能夠符合內心價值。通常你道歉或是彌補過失後，內疚感就會降低或消失。

但是，某些內疚卻離不開，像個枷鎖一樣牢牢套住你，幾個月、幾年，對有些人來說甚至是一輩子。

## 不健康的內疚，就像毒藥一樣

美國心理師蓋・溫奇（Guy Winch）博士解釋，健康的內疚情緒讓我們在做錯事後能夠彌補、改正，但是不健康的內疚就像是毒藥一樣，不斷侵蝕傷害著我們，這種內疚包含了「倖存者內疚」與「分離內疚」，而這兩種內疚，都與人際關係有關。

在戰爭、悲劇、意外事件中的倖存者，常常會陷入「為什麼別人離開了，自己卻活下來？」的倖存者內疚情緒中，這樣的內疚讓他們無法好好活著；因為活著，似乎是對亡者的背叛。

除了重大事件外，日常生活中我們也可能感到倖存者內疚——當我們發現自己比別人幸運、當別人在受苦難自己卻過得還不錯，你就可能感到內疚。譬如在二〇二〇年的疫情中，我聽到許多人都在經歷倖存者內疚，因為當世界各地有非常多人因為疫情失去工作、失去住所、失去健康、失去摯愛，而你擁有許多資源，過得還不錯，就可能感到內疚。

另一種像毒藥般的內疚稱作「分離內疚」。當你爭取自己想要的生活、需要放下其他人時，就可能會產生分離內疚。譬如你為了追尋自己的理想出國念書，但是家人和伴侶都反對，希望你可以留在台灣，這讓你覺得很內疚；或是你在海外工作，無法探望照顧生病的家人，這讓你覺得很內疚；或者出差或旅遊時，你覺得拋下伴侶與孩子而感到內疚，讓你無法好好享受這趟旅途。你為自己所做的決定不符合周遭的人對你的期待時，就可能產生分離內疚。

內疚感傳遞訊息，告訴你做錯事了，但倖存者內疚與分離內疚最弔詭之處，就是我們其實「並沒有真正做錯事情」，所以也無法道歉或做出彌補行為。這樣的內疚就像是一個壞掉的警報器，不斷嗶嗶作響，告訴你：「你做錯了！」讓我們無法真正生活，或是覺得自己「不值得擁有這些、不值得過得好」，甚至認為應該懲罰自己才是。

## 聽聽內疚傳遞的訊息

我常告訴個案：情緒是資料，每種情緒都在傳遞訊息給我們，包括內疚也是。請你回去閱讀之前寫下的內疚聲音，想一想這些內疚在告訴你什麼？

你的每一個內疚聲音，其實都在告訴你：哪些事情對你很重要？

如果你在旅遊時覺得拋下伴侶和孩子讓你很內疚，表示親密關係對你來說非常重要，你可能需要安排其他機會讓你和伴侶或孩子好好建立連結；如果你對於自己所擁有的資源和特權感到內疚，表示你意識到這個社會存在著許多不公義，而你在乎每個人都應該擁有足夠的資源；如果你因為說出傷害到他人的話而感到內疚，表示你很重視人與人之間的相處，你知道每個人都應該被尊重。

**當我們仔細傾聽內疚的聲音，就能更理解自己，認識自己的價值觀。**

另外，有些內疚聲音可能來自於原生家庭和社會加諸的價值觀。譬如說，如果成長過程中你被教導「別人的需求比你自己的需求重要」，那麼，在拒絕別人的要求時，你就可能感到內疚。或者是身為女性，你可能從社會或家庭中接收到許多「女性應該要犧牲自己」的信念，這些深植腦中的「女性角色與期待」，讓你對追求自己的理想感到內疚。

面對這些內疚聲音，你可以去檢視：這些內疚聲音是從哪裡來的呢？

好好傾聽內疚，也能讓我們去看見自己的不同面向，尤其是那些沒那麼光鮮亮麗、很想要隱藏的部分。我們可以練習去接納自己的不完美——我有缺點，也有局限，沒辦法做到每件別人期待我做的事情，我也需要休息，需要建立界線。我們都是不完美的人，都值得被尊重與被愛。

## 將內疚轉化為感激，採取行動

那麼，面對內疚時，我們該怎麼辦？

佛教學者特普騰・詹帕（Thupten Jinpa）博士解釋：當陷入內疚情緒

時，我們會變得非常以自我為中心，因為內疚讓焦點變成了「我、我、我」，就好像世界縮限到只剩下「自己」。

聽到這句話讓我恍然大悟，回想自己掉進內疚深井時，的確就只想著「我」。內疚觸發了羞愧感，讓我覺得自己很糟糕，這些情緒讓我很想躲起來、縮起來。這時候，我只能看到自己，非常以自我為中心，無法考慮到別人；我的世界縮限到只剩井口上的那一小片天空。

**在這種時候，我們其實可以幫助自己「拓寬」世界，也就是，將內疚轉化為感激。**

不管是倖存者內疚或是分離內疚，我們需要先去看見與承認自己真的很幸運——擁有足夠資源，能夠有所選擇，可以追求自己想要的人生目標、做自己想做的事情，這些都是非常幸運的事情。請你花一點時間去感受這些感激情緒，去覺察「感激」這個情緒在身體的哪裡？是什麼感覺？然後，讓自己和「感激」這情緒待在一起。

內疚讓我們縮進自己的世界裡，而感激給予我們能量，讓我們可以採取行動，拓寬世界，開始向外延伸到別人。你可以試著將感激化為行動，去盡自己的力量改變社會上的不公義，在自己能力範圍內分享資源幫助他人，或是去感謝那些讓你可以追求自我目標的人，用自己的熱忱和專業來協助與啟發其他人……

我們每個人一生中都會經歷內疚，有些很輕微，有些很沉重。每個內疚聲音都是在傳遞訊息，告訴你哪些事情對你很重要，而你可以練習去傾聽這些內疚聲音。如果你長期背負著倖存者內疚或分離內疚，這都是很沉重的包袱。你可以去看見它，為它命名，然後慢慢將它轉化成不同的方式存在，像是感激。

**讓自己好好去感受感激與幸運，然後，把感激化為行動，繼續往前走。**

## 08

# 歡迎那些不被歡迎的——來抱怨吧！

二〇二〇年疫情期間，我在網路上讀到許多文章，教導大家在疫情中如何保持正向、要反思、學習感激等等，我很感謝這些文章帶給我觀點，幫助我面對疫情。有一次，我讀到了我非常喜愛的心理治療師艾絲特・佩萊爾（Esther Perel）的文章，文章主題是「抱怨的喜悅」。她說，現在是該談論抱怨的時候了，我們來好好抱怨吧！

看到這篇文章的主題時，我先是愣了一下，接著覺察到心中冒出的各種反應：我可以抱怨嗎？我有資格抱怨嗎？我已經很幸運了，應該要充滿感激才對，怎麼可以抱怨？如果我抱怨，別人會怎麼看待我？

你聽到「抱怨」這兩個字時，有什麼感覺或反應呢？會聯想到什麼？

## 來一張抱怨清單

我一聽到「抱怨」兩個字時，腦中第一個出現的詞是：「不要抱怨！」從小到大，身邊的大人們總是教導我們不要抱怨、抱怨是不好的。當我去網路上搜尋「抱怨」兩個字時，出現的文章也紛紛是「成功的人不會抱怨」、「如何讓抱怨遠離你」等資訊。

很有趣的是，許多文化和語言中都有「抱怨」這個詞，猶太人使用的意第緒語（Yiddish），甚至有十種詞彙來描述抱怨。把心中的負面情緒發洩出來，這樣的行為似乎對於在不同國家、不同文化下的人們，都非常普遍。

如果你願意，我們來花一點時間抱怨吧！你最近的生活有哪些想抱怨的事情呢？請你拿出紙筆，給自己十分鐘的時間，盡情在紙上寫下心中所有的抱怨。這個抱怨清單不用給別人看，你也可以寫完後就撕掉。

在寫這篇文章時，我也暫停下來，在紙上寫下抱怨。以下是我寫下的其中幾個抱怨：

「我受夠了疫情生活！這樣的生活到底要持續到什麼時候？」

「我不想要線上教課……」

「為什麼這麼多人不願意戴口罩？戴口罩是為了保護別人，你們為什麼不替別人著想？」

「這個國家的領導者如果相信科學，就不會錯失這麼多防疫黃金時期，如果疫情剛爆發時大家願意戴口罩，我們現在根本不用過這樣的生活！」

「我不想要改書稿！」

這些是我寫下的幾項抱怨。你寫下了什麼？在寫下抱怨的過程中，你觀察到了什麼？有哪些情緒？表達抱怨對你來說是件困難的事情嗎？

## 讓抱怨好好存在

我寫下的最後一項抱怨「我不想要改書稿！」，這是我在修改這份書稿時加進去的。不管是學術期刊文章投稿或寫書，過程中對我來說最困難的，就是拿回評論的時候——每次閱讀評論時就像是被重重一擊，讓我只想攻擊回去：「我有寫這麼糟嗎？」「這些評論與建議根本沒道理啊！」

記得念博士班第一學期時，有一門課在談論學術文章投稿的過程。教授說：「當你們拿回評論者的評語時，會深受打擊，會很痛！找人好好抱怨發洩情緒，然後把稿子先放著，過一陣子再打開。」

當時教授的建議，我一直放在心中，直到後來開始投稿學術期刊文章或寫書時，發現這個方法真的很有幫助。所以，每次讀完評論後，我先做的事情就是找好朋友抱怨——發洩心中想反擊的情緒。抱怨完之後，心情平穩許多，幾天後再重新打開評論，而這時的我，內心就有空間去真正閱讀這些建議，去看見那些編輯幫我點出來而我自己看不到的寫作盲點。

寫這本書當然也不例外，我需要找人抱怨，把內心的情緒吐出來，然後才有空間容納與看見新的東西，再回來修改書稿。

「向別人抱怨」及「傾聽別人的抱怨」，都是生活中常遇見的事情。有時候我們向別人抱怨，可能換來對方冷冷回覆：「你知道自己多幸運嗎？不要抱怨了！」或者角色對調，你已經聽朋友、家人或伴侶不斷抱怨到很厭煩了，想對他大吼：「你什麼都不改變，只會一直抱怨！不要再抱怨了！」

生活中總是會遇到挫敗、不如意的事情，我們不可能無時無刻都充滿感激或正向情緒，偶爾也需要有個空間可以好好抱怨。

有個人可以聽你抱怨，是很重要的。當我想抱怨時，我會找信任的朋友說：「我現在很需要抱怨，我不需要你幫我解決問題或給建議，你可以給我一個空間抱怨嗎？」偶爾，朋友也需要抱怨，而我知道我要做的事情就是聽他說就好——抱怨需要的，就只是一個空間。

## 抱怨在告訴你什麼？

我想邀請你回去讀你寫下的抱怨，然後閉上雙眼，想像你正撐起一個空間，在這裡，每個抱怨都可以好好待著，不會被趕走或指責。讓這些抱怨舒展攤開，然後請你慢慢靠近每一個抱怨……你覺得這個抱怨在告訴你什麼？

去接近抱怨後，我看到了原來抱怨底下躲著其他情緒。譬如說我抱怨線上上課，而這個抱怨底下藏著的是內心的不安全感。我的教職工作才進入第二年，還沒有太多教學經驗，加上英文不是母語，課堂中我有時候會漏聽學生的發言，或是覺得自己說不清楚，而線上上課讓我更害怕自己教不好。而我抱怨編輯給的評論，這個抱怨底下躲著的是「覺得自己不夠好」的羞愧感，而當我們進入攻擊模式像是指責別人或抱怨時，就不需要去碰觸自己的不完美和脆弱面。

當我能夠和抱怨好好相處，我才有機會看見躲在抱怨下的脆弱。或許每一個人的攻擊行為和抱怨底下，也都躲著羞愧、不安全感，或是覺得自己不夠好的脆弱面。

美國耶魯大學教授馬克・布雷克特（Marc Brackett）在他的著作《情緒解鎖》（*Permission to Feel*）中說：「情緒，就是來自我們內心的新聞報導。」我非常喜歡這個比喻。情緒就是資訊，如同我們看新聞去理解外在世界發生什麼事情，我們也需要去看內心的新聞報導，去覺察和辨認情緒，然後理解這些情緒正在傳遞什麼資訊給我們。

每一種情緒都是訊息，負面情緒尤其重要。憤怒在跟你說你被侵犯了，或是有不公義的事情發生了；恐懼跟你說有危險；悲傷說你失去了重要的東西；失望告訴你，本來期待的事情沒有發生；羨慕告訴你，你也想擁有那些別人有的東西；忌妒是一種恐懼，你怕失去對你重要的人事物；孤獨告訴你，你需要被看見，與人連結；壓力說你乘載了許多來自外界的期待，以及別人加諸在你身上的需求……

而你的抱怨在告訴你什麼？底下躲著哪些情緒呢？這些情緒又是在說些什麼？

## 歡迎那些不被歡迎的

美國藏傳佛教老師佩瑪．丘卓（Pema Chodron）的好幾本著作都是我的床頭書，偶爾睡前會翻閱，回顧一些段落與句子。我很喜歡其中一本書名，叫做《歡迎那些不被歡迎的》（*Welcome the Unwelcoming*），這本書不斷提醒我：去接納、歡迎生命中那些痛楚與負面情緒。

書中有一篇叫做「失敗的藝術」，她寫著：正是當我們失敗、生活不如預期時，我們才能去碰觸內心的脆弱面和赤裸的情緒。而正是藉由和赤裸的痛楚靠近，我們才能淬鍊與成長，才能更和別人的脆弱與痛苦待在一起。當你開心、一切順遂時，並不會想改變或成長；與「不舒服」相處，才讓我們擴展與改變。

我們在面對負面情緒時，最常做的事情是去逃避，但復原力來自於我們能夠去歡迎那些不被歡迎的——痛苦、脆弱、羞愧、不完美。佩瑪．丘卓在書中介紹了一個我很喜歡的小活動：與其把痛苦趕走，我們可以練習在每一次吸氣時，想像你把那些「不被歡迎」的情緒吸進內心；你將心胸打開，歡迎這些痛楚和脆弱進來，然後讓這些赤裸的感受碰觸你，你不需要做任何事情，就和它待在一起就好。

如果你願意，可以讓自己更擴展開來，在吸氣時，不僅僅是吸入自己的痛楚，也一併吸進這個世界上其他人正在感受的痛苦。讓你的痛苦與其他人的痛苦連結，因為，感受痛苦與負面情緒，就是身為人的一部分；有這些情緒，代表我們真實地活著，我們一起感受「活著」的感覺。

接著，吐氣時，想像你把你想要的——像是喜悅、快樂、愛、平靜、健康，隨著吐氣散播出去，分享給世界上也在掙扎的人。你想要感到喜悅，我也是，世界上每個人都跟我們一樣。

每當負面情緒出現時，我會試著做這個呼吸活動，幫助自己接納與歡迎痛楚。當世界上許多人正在經歷痛楚時，我也會做這個活動，想像我吸進他們的痛苦，然後吐氣時把喜悅與平靜傳遞分享給他們。

讓我們一起練習，去歡迎那些不被歡迎的。

# 09 傾聽沒有語言的聲音——身體在告訴你什麼？

「但是，我不知道我有什麼情緒耶！該怎麼辦？」在諮商室中，許多個案這麼說。

對於很多人，學習情緒就像是學習一個全新的語言，需要重新建立情緒字彙。我常常跟個案解釋，情緒是身體感受，所以你可以從觀察和描述身體有哪些感覺開始，像是「我觀察到我現在胸口很沉重」、「我觀察到我的臉頰脹熱，頭暈目眩」、「我觀察到我的胃在緊縮」。

## 聽，身體有話要說

復原力儲藏在身體裡。我們的身體是一個很大的容器，儲存了非常多情緒與記憶，也不斷傳遞訊息告訴你現在發生了什麼事。十三世紀詩人魯米（Rumi）說：「有一種聲音沒有使用語言。仔細聽！」你有仔細傾聽身體跟你說的話嗎？

一直以來，你的身體都在跟你說話，但你可能都沒在聽。我們可以從現在開始練習傾聽身體的聲音——這個沒有語言的聲音。

邀請你花幾分鐘時間，把眼睛閉上，去覺察現在這個當下，你的身體有哪些感受？這些感受在哪些部位呢？你可以將手放在有感受的部位。若你觀察到肩膀很沉重，就輕輕將手放在肩膀上，然後慢慢深呼吸，每一次吸氣，想像你把空氣吸進了肩膀，讓那裡的空間慢慢擴大。

再來，想像一下，如果有個圖像、形狀或顏色來代表這個感受，那會是什麼？這個顏色或圖案會有多小或多大？如果有個聲音可以描繪這種感受，會是什麼聲音？有多大聲？聲音出現得多頻繁？如果這個身體感受可以在你身上流動，你覺得它會怎麼流動？如果你現在能夠讓身體擺動，請讓自己順著這個感受在你身上流動的方式，讓身體自由地動起來。

這是我在諮商室中常常帶個案做的練習。復原不僅僅來自語言表達，復原來自於你能夠建立一個空間，容納每一種感受，不管程度輕微或劇烈，你知道這個空間都裝得住。我們的身體就是這個容器，不管什麼樣的感受，你的身體都裝得下、承受得住。

而傾聽我們的身體訊息，可以從認識神經系統開始。

## 和神經系統做朋友

自主神經系統是調節我們內臟運作的重要系統，它調控著各種器官像是心臟、腸胃、膀胱……等等，讓我們在面對不同環境時可以做改變，幫助你存活。譬如說你緊張時，心跳就會開始加快，這時消化功能就會降低，因為身體需要把能量放在面對外界的威脅與危險上。

當然，神經系統非常複雜，我們只要知道簡單的概念就好。心理學家斯蒂芬・波格斯（Stephen Porges）博士創建了「多元迷走神經理論」（The Polyvagal Theory），他解釋，我們的自主神經系統會依據周遭環境是否安全做三階段的回應。

而美國臨床社工師黛比・達納（Deb Dana）用了「梯子」的概念來比喻

這三個階段，我覺得非常淺顯易懂。

如下頁圖所示，當我們感到安全時，會待在神經系統梯子最上層「社會連結」階段。在最上層時，你覺得很平穩，可以思考，可以與人連結。

當你感受到威脅時，就會移到梯子的中間層。在這裡，你的神經系統進入到「戰鬥或逃跑」狀態，身體開始釋放壓力賀爾蒙，讓你心跳加速、肌肉緊繃，準備好面對危險。

當威脅太劇烈或是你覺得被困住無法反擊或逃跑時，就會掉到梯子的最底層。這時，你的神經系統進入「關閉或凍結」狀態，你覺得全身無力，身體的開關好像被關掉了。

去偵測周圍是否安全的，是我們的「神經覺」（Neuroception）。神經覺是潛意識的，並不是由你的大腦仔細思考之後判斷出是否有威脅。你可能有過這樣的經驗：第一次見到某個人時，突然覺得不安全，正是因為你的神經覺從這個人身上偵測到威脅的訊號，讓你進入到梯子中間層。

神經系統梯子

我們每一天其實都在這個神經系統梯子上下來回。你可能發現早上起床時全身沉重無力，當時在梯子的最底層。喝完咖啡後，隨著進入工作狀態，你回到梯子最上層，能夠思考且有效率地工作。中午過後，你發現工作清單上累積太多事，讓你掉到梯子的中間層，你開始覺得煩躁、全身緊繃。

如果你願意，可以試著在一天當中偶爾暫停下來，去覺察看看：我現在位在梯子的哪一層？

神經系統不是敵人，而是我們非常好的朋友，因為它幫助我們存活、面對危險。當你交朋友時，你會想要好好認識對方，去傾聽和了解。同樣的，我們也需要更認識自己的神經系統。

你可以花一點時間完成下頁表格，想一想，哪些事情會讓你待在最上層？或是掉到中間層或最下層？以及在每一層中，你有哪些情緒和感受呢？

神經系統幫助我們面對每一天的壓力，我們需要暫停下來，幫助自己回到最上層。花一點時間想一想，一天當中你可以做哪些事（不管是自己做或是跟別人一起做）來幫助你的神經系統做調節，讓你回到最上層呢？

## 你在神經系統梯子的哪裡？

每一天，你的神經系統都跟著你一起面對各種情境與挑戰，而你必須要覺察到自己正位在梯子的哪一層。當你無法「覺察」時，你就會「陷入」狀態，被狀態掌控。覺察讓你能夠看見自己的狀態，讓你變成觀察者，和自己的狀態「共處」。

陷入狀態中的你沒有掌握權，但成為觀察者的你，就可以開始做改變。當外在世界充滿焦慮和混亂時，我們更需要經常暫停下來，去觀察自己正在神經系統梯子的哪裡？

我很常使用的方式是幫自己設鬧鐘，讓我工作時每隔一段時間就可以暫

| 各層的反應與意義 | 情境／事件 | 有哪些身體狀態或想法？ |
| --- | --- | --- |
| 最上層：<br>社會連結 | 哪些事情可以讓你待在最上層？ | □能夠清晰思考、做決定　□感到平靜<br>□身體放鬆　□擁有好奇心　□有自信<br>□對人事物充滿興趣　□可以學習<br>□能夠專注　□覺得與人有連結<br>寫下其它你在梯子最上層的狀態： |
| 中間層：<br>戰鬥或逃跑 | 什麼事情會讓你掉到中間層？ | □心跳加快、呼吸加速　□身體緊繃<br>□大腦中想法停不下來　□很焦慮緊張<br>□感到恐慌　□焦躁不安　□感到易怒<br>□想要逃跑　□用言語或是肢體攻擊人<br>□無法放鬆或入睡　□覺得世界很危險<br>寫下其它你在梯子中間層的狀態： |
| 最底層：<br>關閉或凍結 | 什麼事情會讓你掉到最底層？ | □覺得身體好像無法動彈　□感到很無助<br>□絕望　□感到麻痺或空虛　□無法思考<br>□覺得整個人好像被關閉了　□感到憂鬱<br>□失去興趣或熱忱　□覺得身體沉重無力<br>□覺得身心分離　□覺得孤獨<br>□覺得沒有人愛我、關心我<br>寫下其它你在梯子最底層的狀態： |

停下來，做一些深呼吸，伸展身體，幫助我的神經系統調節回到最上層。

回到最上層的方法有很多，最簡單的就是腹式呼吸——吸氣時腹部脹出來，吐氣時肚子縮進去。我常常指導個案，吐氣時間是吸氣時間的兩倍，例如吸氣四秒鐘，吐氣就要八秒鐘，因為吐氣這個動作可以幫助你感到安全。

你可以思考如何在每天生活中「喊暫停」，幫助自己調節神經系統，譬如你可以把暫停時間與每天的作息結合。如果你是一位醫護人員，每次你踏出一間病房時，就做三次深呼吸；如果你的工作需要大量接電話，你可以試著在每一次掛掉電話後，做三次深呼吸。

每當我覺察到身體進入到中間層（戰鬥或逃跑）或最底層（關閉或凍結）時，我都會對自己說：「我的身體是為了幫助我，所以產生這樣的壓力反應。謝謝神經系統幫助我。」然後我會把腳踏在地上，去感受腳底板和地面接觸的感覺，感受自己穩穩地和地面接觸，然後告訴自己：「我現在在這裡，我很安全。」

我們生活在一個資訊爆炸的時代，網路帶來許多便利性，但也帶來許多焦慮與恐慌。每天被新聞或社群網站的資訊轟炸，都可能讓你的神經系統掉到梯子中間層或最下層。當外在世界越快速、越混亂時，我們更需要讓自己慢下來——慢慢呼吸、慢慢說話、慢慢做回應。

每天給自己許多暫停時間，去調節自己的神經系統，因為復原來自於你的身體，來自於呼吸與律動。

身體只能活在當下，是我們的大腦常常飛到了未來或回到了過去，帶回許多焦慮、恐懼與憂鬱。你可以練習幫助自己回到當下，回到你的身體裡——此時、此刻，你在這裡，你活在這個當下，你很安全。

復原力在身體裡，我們每個人都可以去和神經系統做朋友，然後好好發揮這個藏在你身體裡的美麗復原力。

## 10 向孤獨靠近，練習和自己相處

二〇一九年五月，住在夏威夷的三十五歲瑜珈老師阿曼達・艾樂（Amanda Eller）一個人到山中健行。那天，她的車停在登山口，心想這只是一趟輕鬆簡單的健行，所以把手機和水壺都放在車子裡。但是，她在登山過程中找不到方向，迷失在深山裡。十七天後，救難隊終於找到她。

「我看到救難直升機時，我嘴裡還咬著植物，這是我本來計劃的晚餐。」艾樂在一場記者會上分享。

在觀看記者會影片時，我心裡不斷想著：十七天，她是怎麼在森林中存活的？

艾樂說：「我沒有手機、也沒有指南針，我唯一有的，就只剩下我的內心——我的直覺。所以我開始傾聽內心的指引：往左走、往右走、要不要吃這個植物、要不要喝這裡的水。一開始的幾天，我內心充滿著受害者心態，尤其看到好幾次救難直升機飛過卻沒看到我，讓我很想放棄。而後來，我接納了，我接納了這是我的處境，然後我選擇要活下來。」

「有一天，我突然意識到，我必須要清空腦中各種思緒，完全專注於當下，專注每個當下我的腳踩在哪裡、我站在哪裡，因為稍微不注意，我就可能會扭傷腳、割傷自己或掉下懸崖，這都可能讓我離存活更遠一步。我意識到，每一個時刻我都在做選擇。我選擇要活下來。」

在聽艾樂分享時，我感到內心非常震撼。讓我最感動的，是她提到某個夜晚，突然間有暴洪，她坐在約三十公分的水中，雖然知道這座山離海並不近，但還是很恐懼如果大水一沖，她會不會就被沖到海裡。艾樂描述：「那個當下，外在世界的任何東西，我什麼都沒有了，我剩下唯一擁有的，就是我的內心，所以我開始冥想。開始冥想後，帶給我很大的平靜感。」

當生命把你外在所擁有的東西一層又一層剝開，最後，你就剩下最赤裸的你自己、你的內心。沒有多餘的事物讓你分心，這樣和最赤裸又真實的自己待在一起，是什麼感覺？

上一次你和真實的自己待在一起，是什麼時候呢？

## 面對孤獨，你可以選擇逃避，或是靠近

我一直是個非常喜歡獨處、也很需要獨處的人——閱讀、思考、寫作、散步、欣賞大自然。身為一位內向者，我從獨處中充電，我也從來不擔心自己會害怕獨處或感到孤獨。所以我完全沒預料到，二〇二〇年的疫情期間，我也會有一段時間感受到強烈的孤獨感。

那時我剛回到美國，從台灣正常的生活回到美國疫情封城狀態，突然間少掉了家人與朋友的圍繞，再加上新學期尚未開始，沒有忙碌工作來填補生活。有大約兩個禮拜的時間，我感到非常孤獨——那是一種整個人在漂浮、身體很空、好像重心消失了的感覺。後來我和一位也在海外工作的朋友聊天，我們聊到了孤獨感受。對，就是那種很空的感覺！這樣的感受很不舒服，滿令人害怕的。

我想到了阿曼達．艾樂在深山中和自己相處了十七天，以及她提到的暴洪那一晚——當外在的所有事物都消失了，我們唯一剩下的就是自己的內

心。於是，我也想嘗試：如果不推開孤獨，而是向孤獨的感受靠近，和自己赤裸的內心與情緒待在一起，會是什麼樣子？

曾經在書上讀過一個笑話：有兩位天神在討論要把寶藏藏在哪裡，才不會被人類找到。他們提議了好幾個地點，都覺得很容易被發現。最後一位天神說：「那就把寶藏藏在人類的內心吧，那裡不會有人去找的！」

這雖然是個笑話，但是非常真實。我們的內心有著另一個遼闊的世界，卻很少人願意往那裡走進去。這個社會訓練我們把注意力放在「外在」世界——到各處去旅行、到景點拍照打卡、品嘗各式各樣美食、參加各種聚會活動……。如果我們也用那樣探索外在世界的熱忱去探索自己的內在世界，會是什麼樣子呢？你的內心世界裡有什麼？有哪些建築物？什麼樣的風景？有哪些人？又有哪些聲音？

你的內心有個非常遼闊的世界，等著你去探索與認識。你的每一種情緒——悲傷、喜悅、痛苦、失望、心碎、憤怒……，都是要邀請你進入內心世界的邀請函，你可以讓這些情緒帶領你走進內心。

要走入內心世界，首先要讓自己慢下來、停下來，花些時間和自己待在一起。

## 獨處，就是能夠和自己的所有部分相處

我們會想要和喜歡的人相處，那麼，你喜歡自己嗎？你喜歡待在自己身邊嗎？

在諮商室中，我聽到許多個案說：「我討厭自己！」他們討厭自己的情緒、想法、行為，不願意看到鏡子中的自己，或是看到鏡中的影像覺得很厭惡，討厭鏡子中那個人。而我們討厭自己時，當然就不會想和自己相處。

或許，你也討厭自己的某些部分，像是情緒、想法、行為。或許是對自己不夠滿意，覺得自己不夠好、不夠聰明、不夠有成就、身材不夠好、長得不好看、沒有價值、什麼都做不好、沒有人愛等等。於是，你想盡辦法要把討厭的部分推開：努力獲得財富與地位、取得高學歷和成就、努力裝扮自己的外在，或是用其他各種方式讓你不用看見那些討厭的部分，例如忙碌、沉迷社群網站、滑手機、網購、暴飲暴食、追劇、藥物酒精成癮……

專門治療成癮行為的專家蓋伯・麥特（Gabor Maté）醫師在他的書中引

用了佛教中的「餓死鬼」做比喻。餓死鬼有很大的肚子、細長的脖子，不管怎麼吃都填不飽。麥特醫師說，這個社會有許多人就像餓死鬼一樣，不斷想拿外在的物質、名利、權力來填補內心的空洞。但是，外在的物質永遠填不滿內心空洞，要填補內心，你就必須往內心走進去。

走入自己的內心，代表著你要面對自己內在的不同部分——那些光鮮亮麗、你引以為傲的部分，以及那些你討厭恐懼的、想要推開的部分。**能夠和自己相處，並不是要去改變那些你討厭的部分，而是去改變你和這些部分之間的關係。**

譬如，有一部分的你覺得「我永遠不夠好」而帶著許多羞愧，你可以把這部分的你想像成一位小孩子，然後你是這位「羞愧小孩」的家長。因為小孩有許多行為問題，你不敢帶他出門，怕他在外行為失控會讓你很丟臉，所以你每天都把他關在家裡。但上班時，你擔心這個孩子會不會自己跑出門，於是你決定不上班了，每天待在家裡監控他。每次這位孩子靠近你時，你總是對他大吼大叫，要他走開。有一天你受不了了，決定把他關在房間裡，然後時不時的，你會去檢查房間門鎖……

當然，這是有點極端的比喻，但這正是我們許多人和情緒與想法之間的關係——我們對他們吼罵、試圖忽略、想盡辦法把他們關起來或趕走。這樣的關係也影響著你每天的生活，因為你花很多力氣在對抗這些情緒和想法，讓你筋疲力盡。

## ✻重新去愛你內心的孩子

面對內心的情緒或想法，你不需要去改變它們，你要做的是去改變你和它們之間的關係。你的內心可能有好幾位孩子，攜帶著許多痛楚情緒，而現在你可以做的，就是重新去愛這些內在小孩。

譬如，當這位羞愧孩子靠近你時，你可以溫柔地抱著他，告訴他：「我知道你現在一定很難受，有我在，我會在這裡陪你。」你可以去傾聽與理解這位孩子需要什麼？當孩子覺得被理解後，他的行為問題就減少了；你開始願意帶他出門，因為你們之間有了信任，你知道如何溝通與安撫他，而少掉了要去對抗他的力氣，你多出許多心力可以好好過生活。

這是美國心理治療師里查．施瓦茲（Richard Schwartz）博士所創建的內在家庭系統治療（Internal Family System Therapy），也是我在諮商時主要用的治療取向。你可以去和自己內在的不同情緒或想法建立溫柔良好的關係，而我們每個人都有能力可以做到。

也因為學習了內在家庭系統治療，我理解到：原來，**所謂的愛自己、和自己相處，就是去和自己內在的每一個部分建立溫柔的關係。每個部分的你都是被歡迎的，不需要去推開或改變他，而是去靠近、去理解、去接納。**

於是，當我向孤獨情緒靠近時，我理解到，「孤獨」需要的是我陪伴，我不需要逃開，我需要的是好好陪著他，告訴他：「我在這裡，我會陪著你，你不孤單。」

正念心理學家喬・卡巴金（Jon Kabat-Zinn）博士有一本我很喜歡的書叫做《當下，繁花盛開》（*Wherever You Go, There You Are*），原文直譯成中文的意思就是「不管你到哪裡，你就在那裡」。這個書名讓我思考許久。我們常常覺得只要換個工作、搬到不同的城市、換個地點，這樣就可以做改變。但是，不管你到哪裡，不管外在環境如何改變，你還是帶著你自己。

人生道路中，我們會遇見很多人，但「自己」才是那個會陪伴你最久的人。如果可以好好愛自己，享受自己的陪伴，那麼這趟人生旅程你一點都不孤單。而愛自己、喜歡自己、能夠和自己獨處，就是能夠愛你內在的每一個部分——包括那些黑暗的、赤裸的、痛苦的、你一直不敢面對碰觸的部分。

也唯有當我們能夠接納自己所有的面向，我們才能夠真正接納別人。

Part 3

# 復原力在大腦裡

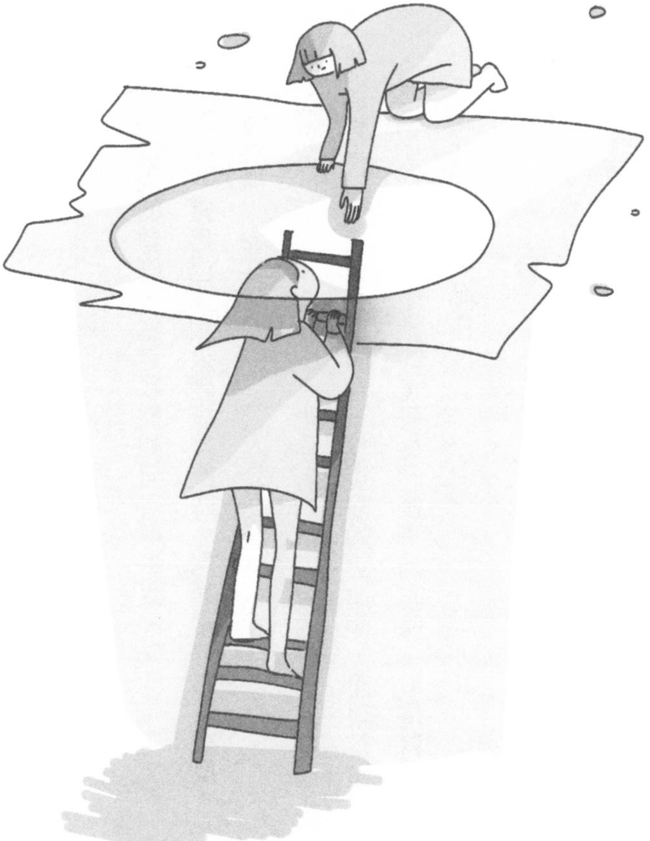

每一天，去覺察大腦編劇家編織的故事，
不需要去改變或反抗，就讓想法冒出來，
跟他們說聲謝謝，然後讓他們離開。

## 11 面對失敗——這是挑戰，還是威脅？

建立復原力有個很大的基礎，就是我們如何看待失敗。

你如何看待失敗呢？當自己或別人經歷挫敗時，你通常會有什麼反應？

心理學家蓋．溫奇博士在他的著作《情緒急救》（*Emotional First Aid*）中提到了一個很有意思的情境：想像一下現在有四位兩歲的孩子，各自在玩同樣的玩具。這個玩具是個盒子，裡面有一隻可愛的泰迪熊，而讓泰迪熊彈跳出來的方式，是孩子必須把盒子上的按鈕從右側滑到左側，但是對兩歲的孩子來說，滑動是個比較困難的動作。

### 讓泰迪熊跳出來

第一位孩子按了一下按鈕，沒有動靜，於是她用力敲了按鈕，盒子滾到有點遠的地方。這位小女孩伸手要去拿盒子，但盒子距離太遠拿不到，於是她轉過身，玩起她的尿布。

第二位小男生按了按鈕很多次，但都沒有成功讓泰迪熊跳出來。他坐在盒子邊，盯著盒子看，嘴唇顫抖著。

第三位孩子先試著要把盒子打開，然後開始嘗試按鈕。幾分鐘後，她滑動到了按鈕，盒子打開，泰迪熊蹦出來。這位小女孩笑了，她把泰迪熊壓回盒子裡，再滑動按鈕，然後持續地玩。

第四位孩子看到第三位小女孩成功讓盒子開啟，他的臉開始脹紅，把手中的盒子用力摔到地上，然後大哭起來。

讀完這四個情境，你現在心中有什麼情緒或想法呢？

非常巧合地，我有一對現在正好兩歲的雙胞胎姪子，在讀到這四種情境時，我腦中浮現出他們在嘗試這個玩具的可愛身影，想像著他們會如何回應。如果他們因為失敗而放棄嘗試，或是開始大哭，我會想過去跟他們說：「失敗很正常，我們再繼續試試看好嗎？姑姑在這裡陪你一起。」

再想像一下時間過了三十年，這四位孩子都成為大人了，他們在面對失敗時，又會是什麼樣子？

如同這四位孩子，我們面對失敗時的回應也很類似。失敗經驗可能讓我們覺得成功遙不可及，於是你很快就放棄了，就像第一位孩子伸手後覺得自己拿不到盒子，就開始做其他事情。失敗經驗可能讓你覺得很無助、凍結了，也放棄嘗試，如同第二位孩子盯著盒子看，嘴巴顫抖著。有些人會像第三位孩子一樣，不斷嘗試，直到成功；而有些人則是像最後一位孩子一樣，看到別人的成功帶來許多壓力，自己還沒嘗試就覺得會失敗，於是陷入壓力或情緒中。

邀請你花點時間反思自己人生中的失敗經驗。面對挫敗時，你是用哪一種方式回應？哪種類型的挫敗讓你可能願意持續嘗試？哪些類型的失敗讓你傾向放棄？

## 我們如何看待失敗，來自於成長過程

我們現在如何面對失敗，很大一部分來自於原生家庭、成長經歷，以及整個社會文化下灌輸的價值觀。

你可以花點時間檢視一下你對於失敗有哪些信念。回想一下過去幾次失敗的經驗，當遇到失敗時，你心中會出現哪些聲音？如果請你完成「失敗代表我＿＿＿＿」這個句子，你又會填入哪些東西？邀請你花點時間把這些信念全部寫下來。

不管是從個案、朋友，或是網路上讀到的分享，許多人在失敗時內心會冒出以下的聲音：

「我不夠好，不會有人愛。」

「我就是什麼事情都做不好。」

「完蛋了，我的人生毀了。」

「我很糟糕，我果然是個魯蛇。」

「我就知道結果會失敗，早知道就不要嘗試了！」

「大家一定會覺得我很笨，覺得我怎麼這麼沒用！我好丟臉！」

如果你覺察到內心出現這些聲音，你一點都不孤單。

我猜想許多人的成長過程中，「失敗」是一件充滿羞愧與被指責的事情。許多家長會把孩子視為自己的延伸物，所以當孩子失敗或犯錯時，家長就會覺得沒面子、丟臉，認為孩子的失敗映照出自己的教養能力不夠好。於是，家長無形中會把自己對於失敗的焦慮和情緒傳染到孩子身上，灌輸孩子「不可以犯錯，不可以失敗」的觀念。

你可以花點時間回想一下，你的父母或主要照顧者，對於失敗抱持著什麼樣的態度？以及在你十幾二十年的求學過程中，學校老師、大學教授們又是如何描繪失敗？大家是指責失敗，還是慶祝失敗呢？在你失敗或犯錯時，你如何被對待？他們都告訴你什麼？

## 恭喜你，失敗了！

復原力是一個人從逆境中彈回、並且能夠從挫敗中學習與成長的能力。建立復原力其中一個很重要的因素就是「心智敏捷」，來自於我們可以用不同角度看待失敗——你可以把每一次的挫敗視為「挑戰」，而非「威脅」，因為面對挑戰讓你願意靠近，而面對威脅讓你想逃跑。

請你再去閱讀你寫下的失敗信念，然後檢視一下這些信念從哪裡來？這些信念如何主導你的人生？如果你是一位家長或老師，這些信念如何影響你教育或對待孩子的方式？你鼓勵孩子或學生失敗嗎？還是會在他們失敗時大聲斥責和羞辱？

美國知名塑身衣品牌 Spanx 的創辦人莎拉・布蕾克莉（Sara Blakely）曾經在二〇一二年被《富比士》列為全世界最年輕的女性億萬富翁。在一場訪談中，布蕾克莉說，她在成長過程中，爸爸都會在晚上吃飯時問她：「你這禮拜失敗了哪些事情？」

她說，父親給她最棒的禮物，是讓她理解到，失敗是指「你還需要繼續嘗試」，並非「結果不好」或「你不好」。這讓她在創業過程中可以放掉許多包袱，不斷勇敢嘗試。

想像一下，如果成長過程中，每一次失敗時，父母或老師是和我們一起慶祝，並興奮地說：「恭喜你失敗了，你從這次失敗經驗中學到什麼？」那麼，我們現在面對失敗時的信念會是如何？

如果我們都變得不害怕失敗，甚至是對於失敗感到開心，興奮自己又可以從失敗經驗中學到新事物，那麼，你的人生會變得不一樣嗎？你會如何做決定？又會如何過你的人生？

## 重新去愛那位害怕失敗的內在小孩

這篇文章一開始的情境有四位孩子，其中三位小孩在碰到挫敗時感到無助，覺得自己辦不到，開始大聲哭泣。想像一下，如果這三位孩子在你面前，你會怎麼回應他們？

我會溫柔地安撫這三位孩子的情緒，然後跟他們說：「失敗很正常，也是很好的事情，你學習到了哪些方式不管用，我們可以嘗試其他方法。」我猜想，你也會告訴這些孩子，失敗與犯錯並不代表他們不夠好，失敗與犯錯是非常正常的事情。或許這三位孩子在聽了你回應、感受到你的陪伴與支持後，會願意開始繼續嘗試。

而你的心中或許也有一位孩子，對於失敗有許多恐懼，每次在你決定要不要嘗試新挑戰時，這位內在小孩總會緊張地說：「不可能！不要試！不要讓自己丟臉！」每次經歷挫敗時，這位孩子會感到很羞愧，因為他認為：「失敗表示我不夠好，不會有人愛我。」這位孩子會有這些情緒很正常，畢竟過去經驗告訴他失敗是很糟糕的。就算你現在已經成為大人，這位內在孩子仍然凍結在過去，對於失敗與犯錯攜帶許多恐懼和羞愧。

同樣的，你可以用對待情境中這三位孩子的方式，溫柔地回應你內心那位孩子。下一次，當你因為害怕失敗而不敢嘗試，或是感受到失敗帶來的劇烈痛楚時，你可以想成是這位內在孩子在與你對話——他感到很無助、很恐懼、很痛苦。你可以溫柔地安撫他、抱抱他、陪伴他，並告訴他：「不管成功或是失敗，我都會一樣愛你，你都是有價值的。」

然後你可以和他一起慶祝：「失敗是很棒的事情，恭喜你失敗了！我們一起來從失敗中學習吧！」

## 12 建立成長心態，提升復原力

你會不會很好奇，為什麼有些人在失敗後，人生似乎就永遠卡住了；而有些人可以從失敗中站起來，繼續前進？

美國史丹佛大學心理學教授卡蘿・杜維克（Carol Dweck）說，一個人成功與否的關鍵，來自於他「如何看待自己」的心態。杜維克博士在她的《心態致勝》（*Mindset*）中，解釋了兩種心態：固化心態（Fixed Mindset）與成長心態（Growth Mindset）。

### 不同心態如何解讀失敗？

你是否內心曾經有過這樣的想法？

「我就是這樣的人啊，我就是不擅長這件事情！」

「他就是這樣！」

當我們認為一個人怎樣都是不會改變的，這就是固化心態。

擁有固化心態的人認為一個人的聰明才智、性格、創造力等能力都是固定的。也就是說，你有多聰明、多有才華，就會一輩子維持同樣程度，無法改變。所以，擁有固化心態的人會非常急於證明自己，想要展現自己的成就，畢竟如果我們認為聰明才智是固定不變的，那麼當然要向所有人顯示自己很厲害、很成功才行。

相反地，擁有成長心態的人認為一個人的才智、特質和能力都是可以改變的，只要藉由努力和累積經驗，每個人都能夠成長與改變。

我們現在來想想看：這兩種心態的人會如何解讀失敗？

對於擁有固化心態的人，成功是證明他們擁有聰明才智，而失敗顯示他們不夠聰明，所以他們當然想避開挑戰，逃避失敗。不管在學校、職場，甚至是人際關係中，擁有固化心態的人考慮的都是：我這麼做會成功還是失敗？做這些讓我看起來如何？是人生勝利組還是魯蛇？

而對於擁有成長心態的人，成功或失敗本身並沒有那麼重要，因為他們認為，每一次嘗試新挑戰，每一次失敗經驗，都是學習的機會，都能夠幫助自己再跨出舒適圈一步，把自己的能力再往外延伸擴張一點。

這樣聽起來，擁有固化心態的人在失敗時可能就會陷入羞愧、自己不夠好的情緒中，而擁有成長心態的人在失敗時，心裡想的是：「我又學習到新東西了！」不一樣的心態，在面對失敗時有很不一樣的反應。

這兩種不同心態，是從小就被塑造了。研究人員發現，擁有固化心態的小孩會選擇一直玩他們熟悉的益智遊戲，因為嘗試新遊戲就可能會失敗；擁有成長心態的孩子則是在熟悉一種遊戲後，就會開始嘗試新挑戰。擁有固化心態的孩子告訴研究員：「聰明的孩子是不能犯錯的！」而另一位擁有成長心態的青少年則是對研究員說：「如果上課有不懂的地方我都會舉手問，很多同學認為舉手問問題顯示自己很笨，但我覺得，如果我是錯的，那麼問了之後，我才能知道自己是錯的，然後學習到正確的資訊。」

讀到這裡，你覺得自己擁有固化心態，還是成長心態呢？

## 你的心態從哪裡來？

如果你發現自己擁有固化心態，也不用太氣餒，因為不管你現在處在什麼狀態，我們都可以做改變，開始幫助自己建立成長心態。

不論是固化或成長心態，都是被教導培養出來的。心態來自於你內心的信念，而這些信念源於你的原生家庭、學校及社會灌輸你什麼訊息。

如果你從小考試考得好會被稱讚「很聰明、很厲害」，考不好時就會被責備，那麼你很有可能被塑造出固化心態，需要追求出色的成就來證明自己很成功。在史丹佛大學教書的杜維克教授也觀察到，許多史丹佛大學的學生在剛入學時都擁有固化心態，因為這些學生從小就表現優異，在讚美中長大，需要展現完美。我猜想，台灣的家庭與學校教育習慣將成績和成就視為定義一個人的方式，這樣的文化也很容易培養出固化心態的人。

當然，要幫助自己從固化心態轉到成長心態，需要時間與練習。在我讀了杜維克博士的著作後，意識到自己某些部分也有固化心態，譬如，我認為某些事情我不擅長，不可能做到，就從來沒有去嘗試。

於是，在寫這本書時，我展開一個新計劃，就是每個月去學習一件我以前覺得自己不擅長的事。我從日常生活小事開始，像是學烘焙、烹飪不同料理、閱讀不熟悉領域的書籍、開始涉獵以前不喜歡的領域。每一次的微小成功都讓我驚覺：「原來我會啊，我辦得到！原來我攜帶了這麼多年的信念都不是真的！」

身為一位女性，近幾年來，我也花了許多時間檢視這個社會加諸在女性身上的信念。美國臨床社工師艾米・莫林（Amy Morin）曾提到，女性在成長和社會化的過程中，很容易被培養出固化心態，也就是會認為失敗是來自人格缺陷。

仔細想想，這個社會的確無形中傳遞不太一樣的訊息給男孩和女孩。研究顯示，男孩在考不好時容易被歸因於「行為」不正確，譬如考不好時老師會說：「就是你上課不認真，沒有用功讀書。」而考好時會說：「你真聰明。」但是女孩在考不好時，則傾被向歸咎於「能力」不足，譬如考不好時老師會說：「數學可能對你來說太難了。」而考好時老師說：「因為你上課很認真，很用功讀書。」

另一篇研究顯示，孩子在四、五歲時，男女孩對於自己的能力信心程度差不多，但是到了六歲就出現了顯著的差異——小女孩到六歲時，就開始覺得自己不如男生，沒有男生聰明。

讀到這些研究時讓我很驚訝：天哪！小女孩從六歲就開始覺得自己不如男生，我們到底潛意識灌輸了什麼樣的性別刻板觀念給孩子？現在，每當我和四歲的姪女及兩歲的姪子們說話時，也會更注意對他們說的話有沒有夾帶了性別刻板印象。

如果你願意，也可以花一點時間寫下心中擁有的信念，然後仔細檢視：這些信念是屬於固化心態，還是成長心態？你攜帶這些信念多久了？這些信念從哪裡來？又如何影響你的生活？

## 固化心態的人，會把別人的成功視為威脅

當我在閱讀固化與成長心態的研究時，其中一點讓我很有共鳴，就是擁有固化心態的人喜歡比較和競爭，然後對於別人的成就會覺得備受威脅。讀到這點則讓我反思：的確，過去有一部分的我很容易陷入比較，而這部分的我會把別人的成功解讀為威脅，讓我進入防衛機制，像是在內心評價他人。

如果你意識到自己的內心有一部分也容易陷入比較，你一點都不孤單。

現在社群網站的普遍，讓我們更難逃離比較與競爭。只要一登入社群網站，就會看到朋友又去哪裡旅遊、人生多麼快樂等等，讓我們認為每個人的生活都很完美。研究也發現，當我們花越多時間瀏覽社群網站，就越可能認為別人比自己更優秀快樂。

但社群網站只能讓我們看到「外在」，你永遠不會知道一個人的「內在」發生什麼事情。研究顯示，我們傾向低估別人正在經歷的負面情緒，高估別人的正向情緒。也就是說，我們會認為別人都過得很好，而自己是唯一過不好的那個人。這樣的孤立感，就可能讓我們覺得「自己有問題」、很羞愧，更不敢說出內心的掙扎或尋求協助。

社群網站讓我們很容易比較。當你看到別人過得比你好，覺得自己不如人時，這是「向上比較」；當你看到別人過不好而感到優越時，這是「向下比較」。不管是向上或向下比較，都會讓我們的神經系統進入壓力模式，你可能會進到「戰鬥或逃跑」狀態，開始批評自己或他人，或是掉入「關閉或凍結」狀態，覺得很絕望無助。

## 停止比較，將別人視為觀點來源

當然，現在我內心這個「陷入比較」的部分偶爾還是會冒出來，但我能夠很快覺察到自己正在比較或評價他人，然後我會暫停下來，檢視「比較」這個防衛機制底下是什麼？每一個批評都是我們將內心不喜歡自己的部分投射在別人身上，當你在評價別人時，其實正是在批評你自己。

下一次當你意識到自己正在比較、批評人、將別人的成功視為威脅時，你可以停下來，去檢視內心發生了什麼事：批評和攻擊行為底下躲著哪些情緒？為什麼自己現在需要比較？為什麼需要證明自己？

美國臨床社工師艾米．莫林建議，你可以練習將別人視為「觀點來源」。當看到別人成功，如果你想的是「他有不同觀點」，而不是「他條件比我優越」，你會更願意向他們學習。或許可以這樣想：這個人有哪些觀點或想法和我不一樣？我可以從他身上學到什麼？學到這些對我有什麼幫助？

如果我們能將他人視為不同的觀點來源，就能抱持好奇心去欣賞另一個人、向對方學習，也更能幫助自己培養成長心態。

現在，每當我瀏覽社群網站時，我會練習去祝福和欣賞人，去祝福每一位過得快樂的人，去欣賞每一個人擁有的不同觀點和不同生命樣貌。

如果人生就像是在大海中行走，每個人都有屬於自己的航程，有些人正遭遇暴風雨，有些人正晴空萬里一帆風順。而我們可以練習去祝福與欣賞每一個人的獨特。

# 13 聽！你的大腦在編造什麼故事？

研究顯示，大多數人一天約講一萬六千多字——這還只是我們說出口的話。而我們的大腦，更愛說故事。

每個人的大腦都是很厲害和有創意的編劇家，不斷編造各式各樣的故事，這是大腦編劇家的工作。人類需要尋找意義，所以大腦編劇家每天解讀發生的事，再加點新劇情，幫你製造意義。缺乏資訊時會讓人感到不安全，所以大腦開始編造故事填補這些空洞，幫助你感到安全，組織你的經驗。

如果你願意，每天去仔細聽聽大腦編劇家正在說的故事，想想他在告訴你什麼？

大腦編造故事並沒有錯，但很多時候，我們忘記了「大腦在編故事」，我們把大腦編的故事當成「事實」，就算這些故事有點扭曲、沒有證據或邏輯，我們依舊相信這是真的，然後花許多精力和時間陷入故事情節中。

復原力來自於彈性，其中也包括讓自己的思考有彈性。**要幫助自己建立彈性的思考，我們可以先從覺察到大腦正在編造哪些故事開始。**

長期研究復原力的美國賓州大學教授凱倫．列伊維希（Karen Reivich）博士提到，一般大眾有五種最常見的慣性思考模式。也就是說，我們的大腦編劇家在編造故事時，有五種最常見的故事軸。

## 五種大腦編劇故事軸

接下來我會解釋這五種慣性思考模式，也邀請你一邊讀、一邊反思：你的大腦編劇家最常使用哪種故事軸？在面對工作、家人、伴侶、朋友時，會用不一樣的故事軸嗎？在遭遇失敗與挫折時，最常使用哪一種故事軸？

### 一、讀心術（Mind Reading）

身為心理諮商師，我發現一個很有趣的現象。偶爾會有初次認識的人聽到我的職業後，開玩笑地問：「所以你知道我現在心裡在想什麼嗎？」當然，我也很希望自己有「讀心術」這種神奇魔法，可以直接知道另一個人心中在想什麼，這樣的話，許多事情都會變得簡單許多。

而你的大腦編劇家，常常認為自己有讀心術，你認為你知道別人在想什麼、為什麼會這麼做。譬如當你收到老闆來信，請你等一下去找他談話時，你的大腦就會開始用「讀心術」故事軸來編故事：「老闆一定是昨天讀了我寫的報告覺得寫得很差，所以才要跟我談話。難怪他早上用那樣的眼神看我，他一定認為我能力不夠好……」你才收到短短幾個字的一封信，大腦編劇家就編了各種故事，是不是很厲害？

人與人之間的任何關係，不論親子、伴侶、朋友或同事，讀心術都會帶來關係的破壞，因為當你百分之百確定「另一個人就是那樣想」時，就不會去問、去澄清或溝通。你把大腦編的故事當作事實，而不是去和對方溝通。

## 二、都是因為我（Me）

第二種大腦編劇家喜歡用的故事軸，就是「都是因為我」。你覺得事情發生的原因百分之百都是自己造成的，都是自己的錯。譬如當你和伴侶吵架時，你認為一切都是自己的錯，你心想：「都是我害的，都是我這麼愛生氣，事情又沒做好，才會惹他不開心……」

當你陷入「都是因為我」的故事中，就可能產生許多內疚、羞愧或悲傷等情緒，你可能會因為覺得都是自己的錯，更把自己封閉起來，不願意去和他人溝通。

**三、都是別人（Them）**

和上一種類型相反，另外一個大腦編劇家常用的故事軸，就是「都是別人」。你認為事情發生的原因百分之百都是別人的錯，都是別人造成的。譬如你今天和伴侶吵架，你的大腦編劇家不斷告訴你：「一切都是他的錯，都是他這麼自私、不願意為我著想才會發生這樣的事。一切都是他害的！」

而當你落入「都是別人」的故事曲線時，就可能產生憤怒。同樣的，這樣的憤怒也可能讓你做出衝動的行為，並阻礙你好好去和對方溝通。

**四、災難要來了！（Catastrophizing）**

在「災難要來了」故事軸中，你的大腦編劇家會從一件事情開始，開始聯想生活層面各種最糟的狀況，然後編織一場大災難劇情。

譬如你今天和伴侶吵架，然後腦內故事開始跟你說：「完蛋了，我們走不下去了，我們要分手了。他明天一定會跟我提分手，分手後我們的共同朋友都會站在他那邊，我還會失去所有朋友，我一定會難過得無法工作，我的老闆可能會受不了把我革職，然後我就會連工作都沒了。沒有工作我就繳不起房租，到時候我就要離開台北搬回去家裡跟爸媽住，就要忍受我爸媽每天對我碎碎念，親戚一定會覺得我的人生很失敗……」

這就是一個大腦編劇家製造的災難劇情，而當你覺得「災難要來了」，就會感到更焦慮和恐懼。於是，你把精力都放在想像糟糕的後果，就沒有力氣去解決真正該解決的議題——譬如在這個例子中，你該做的是去和伴侶溝通，處理吵架的議題。

## 五、做什麼都沒用（Helplessness）

最後一種故事軸叫「做什麼都沒用」。這種慣性思考模式讓你覺得做任何事情都無法改變，譬如你在疫情中不幸被裁員了，然後大腦編劇家就告訴你：「我都已經快四十歲了，這個年紀不可能再轉換跑道。現在疫情這樣怎麼可能找得到工作？我只能一輩子失業了！」

「做什麼都沒用」的故事軸會帶來許多無助感，讓你覺得沒希望了，不管做什麼都無法改變。當你陷入劇烈的無助情緒時，就無法看見在某些部分還是可以有所作為，像是修改履歷開始找工作；參加職涯探索的工作坊；利用待業期間好好充實自己，或思考職涯規劃看是否回學校念書成長。

## 你是想法，還是看見想法的人？

讀完了上述五種大腦編劇常用的故事軸後，你有沒有覺得哪一種故事特別熟悉？你的大腦編劇家最常使用哪一種？

大腦會編造故事是非常正常的事，這五種故事軸是大家最常使用的慣性思考模式，也就是說，我們每個人的大腦都會編出這些劇情。在我讀完這五種故事軸後，我發現我最常使用的是「讀心術」和「都是因為我」，尤其在充滿未知、資訊不足時，我的大腦編劇家會傾向認定知道別人在想什麼，以及覺得那是我的錯。

那麼，我們要如何面對這些大腦編造的故事呢？覺察是改變的第一步。每次當這些慣性思考模式冒出來時，你需要先覺察到：「這是『想法』，我的大腦正在編故事！」面對這些想法也有不同反應方法，譬如使用認知行為治療的心理師可能會教你去「反駁」或「改變」想法，像是找出證據來證明這些想法是錯的。

這樣對抗或改變想法的方式對某些人有效，但我也觀察到，許多人在嘗試對抗和改變想法時，發現這些想法不但「趕不走」，還更常冒出來，然後心中就會冒出另一個評價自己的聲音：「我怎麼連這個都做不到？怎麼這麼糟糕？」

而我都會告訴個案們：**你不需要趕走、對抗或改變想法，你要做的，是去改變你和想法之間的關係。**

當想法冒出來時，你能夠覺察到他們，然後告訴自己：「這是大腦編造的故事，想法就是想法，不是事實。」不需要抵抗，就讓這些想法冒出來，然後讓他們離開。

這樣，你就從「想法」變成了「看見想法的人」，你成為了觀察者。

研究顯示，我們的大腦是「負面取向」，也就是說，我們會很容易往負面的結果想，因為對大腦來說，最重要的是存活，所以大腦編劇家會編織各種糟糕劇情幫助你面對各種狀況。尤其大腦很討厭未知，所以在缺乏資訊或是資訊含糊的狀態下，大腦就會開始編故事，把空缺處填滿。

了解到我的大腦編劇家是想要幫助我，所以非常努力地編故事之後，每當我覺察到想法時，也會在內心對著這些想法說：「謝謝你提醒我，謝謝你告訴我這些。」

復原力來自於思考有彈性，我們可以練習讓僵化的慣性思考模式開始鬆動。每一天去覺察大腦編劇家編織的故事，然後，不需要去改變或反抗，就讓想法冒出來，跟他們說聲謝謝，然後讓他們離開。

14

# 樂觀不樂觀，就看你如何解讀

建立高復原力的其中一個重要因素，就是樂觀。當你聽到「樂觀」兩個字時，你會想到什麼？

我心中第一個冒出來的聲音是：「樂觀就是要人一切都往正向看嘛！覺得世界都是美好的，沒有任何不開心的事。」接著我想到網路上各式各樣叫人樂觀的勵志語：「要樂觀，要往正向看！」我覺察到心中的排斥感，想著：這不就是毒性正能量嗎？

而當我讀了更多關於樂觀的研究後，發現原來樂觀並不是我原先理解的那樣。

研究上有兩種解釋樂觀的方式，大家或許都很熟悉第一種，研究上稱為「性格上的樂觀」，就是一個人的基本信念相信「未來會變好」、「好事會發生」、「人和世界都是美好的」。

第二型的樂觀稱為「解釋風格」，來自於美國賓州大學教授馬丁・賽里格曼（Martin Seligman）博士。賽里格曼博士解釋，「樂觀」與「不樂觀」差別在於一個人如何解讀發生的事情；也就是說，當挫敗發生時，你如何解釋「為什麼這件事情會發生」？

在我說明什麼是「解讀風格」前，先請大家看以下情境，想像一下，如果這件事發生在你身上，你會怎麼解讀「為什麼這件事情會發生」？

- 公司在二〇二〇年疫情期間裁員一批人，你被解雇了。
- 你進入到最後一輪工作面試，覺得面試表現得很好，但面試後卻無聲無息，沒有任何通知。
- 你的孩子在學校學業成績很糟糕，這次段考又考班上最後一名。
- 你想出國念書，申請了十幾間學校，沒有一間通知你面試。
- 在交往六年後，你的伴侶跟你提分手。

如果以上的情況發生在你身上，你覺得為什麼這些事情會發生？

## 理解你的解釋風格

我們每個人的大腦都有一套習慣的解讀方式，這樣的解讀模組非常快速，就像反射動作一樣，事情一發生，你的大腦就會立刻做解釋：為什麼這件事情會發生？

賽里格曼博士的研究發現，我們的解讀模式包含三個面向：

**一、你覺得事情會發生，是「個人因素」還是「外在因素」？**

當一件挫敗發生時，你習慣歸因於是個人因素（是我造成的），還是外在因素（有其他原因造成）？如果你習慣歸因為個人因素，被裁員時你可能會認為「都是因為我做得不好」；孩子考不好會讓你認為「都是因為我教養不當，我是個糟糕的家長」；長期交往的伴侶跟你提分手時，你可能會覺得「都是我的錯，我不夠好，所以他要離開」。

相反地，如果你能夠考慮到外在因素的影響，那麼在被裁員時，你能夠理解可能是疫情帶給公司很大的財務危機，或是公司體制本來就存在許多問題；孩子在學校表現差時，你能夠看到孩子需要被協助，可以去探索他學習過程哪裡出了問題；長期交往的伴侶提分手時，你知道兩個人都有造成這段戀情結束的原因，這段關係並不適合你們兩個。

你可以試著回想過去發生的一些挫敗，當事件發生時，你會傾向歸咎個人因素，還是能夠看見外在因素呢？邀請你拿筆畫出一條橫線，在這一條光譜上，最左端是「歸因個人因素」，最右端是「歸因其他因素」，請想想看，你是落在光譜的哪裡？

**二、你覺得事情的影響是「永久」的，還是「暫時」的？**

當失敗發生時，如果你傾向認為影響是「永久的」，那麼你就可能把力氣放在那些無法改變的面向，像是工作面試後沒收到任何消息，你就認為自己永遠都找不到工作了；當申請國外學校沒有收到面試通知時，你覺得「我永遠都不可能被錄取了」，然後陷入無助、憂慮，或是哀怨對方為什麼不錄取你。

但如果你傾向認為影響是「暫時的」，你覺得今年失業、沒收到錄取信，不代表一輩子都會這樣，那麼你就會把精力放在自己可以掌控的範圍內做改變，像是重新修改履歷，向別人請教面試技巧；在申請學校上，你可以詢問更多有申請經驗的人，請人幫忙修改申請資料去豐富你的履歷，讓你明年申請時更可能被錄取。

請你花一點時間檢視過去的挫敗事件，你會傾向認為影響是永久的還是暫時的？你會把精力放在不可改變還是可改變的事情上？同樣的，再畫出另一條線，最左端是「永久性」，最右端是「暫時性」，你覺得你落在光譜的哪裡呢？

**三、你覺得事情的影響是「全面性」的，還是「特定性」的？**

當挫敗發生時，你會傾向覺得這件事情影響到你人生的「全部面向」，還是「特定面向」呢？

如果你傾向認為挫敗會影響到你人生全部面向，那麼當你申請學校被拒絕時，你可能會認定：「我就是一個完全沒有能力的人！」或者當伴侶跟你提分手時，你心裡會想：「這表示我是一個很糟糕的人，我一點吸引力都沒有，我就是沒人愛，我無法跟人建立良好的關係。」當你被裁員時，你可能會認為：「我什麼都做不好，我的人生太失敗了。」

如果你認為事情只影響特定面向，那麼申請學校都被拒絕時，你可以理解為「我在申請學校這部分還需要更多學習和修正」；分手時，你能夠看到「這段戀情有許多不適合的地方，我也有需要改變的部分，而我可以從這個經驗中學習與改進」；被裁員時，你理解現在的財務會有一點困難，但是你能想出策略來解決，並且有支持你的伴侶、家人和朋友，他們都會協助你。

回想你人生中發生的挫敗，你會傾向認為影響是全面性的，還是特定性的呢？請你畫出最後一條光譜線，左端是「全面性」，右端是「特定性」，你又落在光譜的哪裡？

## 樂觀，是可以學習的

現在請你看一下你畫的三條光譜線，如果你的位置是落在靠近光譜的右端，也就是說，當不如意的事情發生時，你能看到外在因素，覺得事情影響是暫時的，是特定方面的，那麼，你是屬於比較樂觀的人。

如果你落在光譜偏左側的位置，表示當挫敗發生時，你會傾向「歸咎個人因素」（Personalization）、覺得事情影響是「永久的」（Permanence），以及會影響你人生「全部面向」（Pervasiveness），那麼你就是比較不樂觀，而賽里格曼博士稱這三個英文字母P為「阻礙復原力的三要素」。

如果你發現原來自己的解讀風格正在阻礙復原力，能夠覺察到這點，就是改變的第一步。你的解讀風格，很大一部分來自你的成長經驗、原生家庭，而你現在有能力修改解讀風格，學習變得樂觀。

因為寫這本書我訪談了一些朋友，其中好幾位都提到，他們過去很容易把失敗歸咎於個人，然後認為自己不夠好，開始責怪自己，感到羞愧與內疚。而隨著經歷更多次挫敗、讓自己從中成長之後，他們現在更能用樂觀的解讀風格去解讀挫敗。我自己也觀察到，過去的我落在光譜的左邊，而隨著人生成長，現在移動到光譜較右邊的位置。當然，「阻礙復原力的三要素」偶爾還是會冒出來，但是我能夠覺察，並試著融入不同觀點。

你也可以從練習覺察開始，去看見自己的解讀風格，然後試著加入不同觀點。遭遇失敗時，去分析個人和其他因素各占多少比例？去解析哪些事情你無法改變？哪些面向是你能力範圍內可以改變的？接納無法改變的事，著手調整可改變的事，並且看見挫敗影響的是一部分的人生面向，而並非全部的你。

在閱讀樂觀的研究時，讀到一句話讓我很有感觸：**樂觀的人會將困境視為「挑戰」，而非「威脅」，所以他們會朝困境走去，而非逃跑。**

讀到這句話時，我腦中浮現出「一個人朝困境走去」的畫面，光是想到這樣的畫面就讓我覺得內心充滿勇氣，覺得這個畫面好美麗，然後我想到一位朋友在受訪時曾說：「承認失敗真的會很痛啊，但是，我很欣賞站起來的自己。」

而我也把這份欣賞放在心中——欣賞朝著困境走過去的自己，以及欣賞在失敗後站起來的自己。

# 15 當人生梯子被拿掉，該何去何從？

臉書營運長雪柔．桑德伯格在她的著作《挺身而進》（*Lean In*）中有提到，我們很常用「爬梯子」來比喻職涯發展——進入一間公司組織，從基層做起，然後一路往上爬。

在台灣，許多人的成長過程就像是爬梯子：國中考高中、高中考大學、大學畢業念研究所，或是被父母和社會期待要選擇一個穩定或光鮮亮麗的工作，完成人生的「待辦清單」，像結婚、生子、工作升遷、財務穩定，然後退休。這一路就如同爬梯子一般，一階一階往上爬。在梯子上，沒有未知或不確定性，因為你眼前就只有一個方向，就是往梯子上再踏一格。

我們每個人腦中可能都有一個「人生梯子」，梯子上的每一階都寫著你該做什麼、要達成什麼目標。你可以在紙上畫個梯子，想想看，你的人生梯子上寫了些什麼？梯子告訴你下一步該做什麼？是要考上哪間著名的學校呢？還是要擠進哪間大公司？要住在哪個城市？要結婚生子嗎？工作該升遷到什麼位置？……

當失敗、不如預期的事情發生時，就像是把你的人生梯子突然拔掉，例如想去的名校申請不上；沒有被理想的公司錄取；本來要結婚的戀情突然分手；被公司裁員；伴侶外遇讓十年婚姻破裂；健康出問題無法工作；一場疫情讓你辛苦打造的企業倒閉……。突然間，你本來預想好的人生樣貌消失了。失去了梯子，你感到迷茫；面對著未知，你不知道下一步要往哪裡去。

## 把梯子換成方格攀爬架

但其實，用爬梯子來比喻職涯早已不適用了。美國有份二〇一八年的報告指出，每個人在職涯中平均換十二份工作，隨著工作型態改變，這表示梯子消失了，很少有人會待在一個組織裡從基層往上爬。桑德伯格說，現在的職涯已不再是階梯，而像是公園裡兒童遊戲場的「方格攀爬架」。

有看過公園裡的方格攀爬架嗎？上一次在台灣時，我帶了四歲的姪女到公園玩，其中有一個公園很特別，它的溜滑梯很高，溜下來應該很刺激，但是它沒有階梯，唯一要上去溜滑梯的方式就是爬方格攀爬架。

一邊陪姪女玩的過程中，我觀察了這個大型方格攀爬架上的生態。攀爬架上有許多小孩，每個孩子各自從不同的地方開始，走著自己的路線，有些孩子的目的地是溜滑梯，有些孩子就只是想爬架子，有的坐在上面聊天。每位孩子行走的路徑都不同，往左、往右、往上、往下，有時候這格被另一個孩子堵住了，可能要轉個方向，或是需要先往下爬，繞一下再上去。

階梯只能往上爬，如果前面有人堵住，你就被卡住了，但方格攀爬架完全不一樣，你有各種方法和路徑幫助你抵達目的地，過程中還可以看到不同視野和觀點。如果我們能夠把人生梯子拿掉，改成方格攀爬架，那麼，你的人生會變成什麼樣子？

如果把人生當作方格攀爬架，每當你碰到阻礙、發現本來想走的路徑行不通時，只需要轉個彎、換個方向就好，不用拘泥於本來要走的那條路，因為在方格攀爬架上，每個方向都是一條路、一個新的可能。

## ✦跳過懸崖，從熟悉到未知

在方格攀爬架上轉彎很容易，但是面對人生的「轉個彎、換個方向」，卻一點都不輕鬆。

我很深刻地記得我博士班畢業那時，必須離開自己念碩士班、博士班及工作總共加起來住了七年的城鎮，搬到完全陌生的新城市。我的內心感到十分恐懼，就算這是一件好事，我還是非常焦慮。當時我的諮商師對我說：「你覺得這裡很安全，是因為你對這裡很熟悉了；新城市是個你還不熟悉的地方，是未知，所以那裡現在讓你很恐懼。但是有一天，你對那裡也會變熟悉，就像當初你從台灣來這裡念書，這裡也從一個陌生異鄉，變成你熟悉的安全地方。」

每一次人生的「轉個彎、換個方向」，就是一個放下「熟悉」，進入「未知」的過程。「熟悉」與「未知」就像兩個懸崖，一側是你習慣的生活樣貌、工作、感情、自我認同等，而另一端是未知。做改變，就是你要願意從熟悉這端，跳過去未知那端。在寫這本書時，我已經在新城市住了一年，回想起諮商師當時說的話，的確，這個地方現在對我來說熟悉與安全。

要跳過懸崖很不容易，因為大腦把「熟悉感」認為是「安全」，所以當我們遇到新的、不確定的、模糊不清楚的狀況，就會感到焦慮與恐懼。也是因為這樣的恐懼，讓許多人繼續留在不喜歡的工作中或枯死的感情關係裡，可能不敢嘗試新事物，一直站在熟悉這一端，不敢跳過去對岸。就如同美國精神科醫師布魯斯·佩里（Bruce Perry）在一場演講中所說的：「就算『已知』的狀況很糟，我們還是會覺得未知比已知更恐怖。」

**然而，唯有跳過懸崖，你才能把未知變成熟悉。能夠幫助你跳過去的，是信任。**

研究「信任」（trust）的學者瑞秋·伯士曼（Rachel Botsman）說：「信任，是你和『未知』建立起一個好的關係。」信任，就是能夠容忍未知與不確定性的能力；你不確定另一端懸崖是什麼，但是你願意縱身一跳。

## 每一個第一次，都表示你在嘗試新事物

如果你也覺得面對新的事情讓人恐懼，那麼你一點都不孤單。

好幾個月前我在聽布芮尼・布朗教授的Podcast時，其中有一集的主題叫作「FFT」。布朗教授說，FFT代表的是「去你的第一次！（Fucking First Time）」。

聽到「去你的第一次！」這個詞，我笑了。布朗教授在那集節目中分享，做Podcast對她來說是一件新的嘗試，她分享著在籌備和錄製Podcast時的挑戰。當時一邊聽著，我想到不久前，我也第一次嘗試在美國用線上上課辦台灣的講座。一小時的講座，我緊張得全身僵硬，因為螢幕上看不到聽眾，讓習慣要看著人說話的我很不適應。結束時，我心想：「以後再也不要辦線上講座了！」當時也完全沒想到，因為疫情開始改成線上教課，現在的我對於線上教學已經十分熟稔。

嘗試新事物時，去覺察到不舒服的情緒是很重要的，而為情緒命名，就能給我們力量去面對情緒。你可以告訴自己：嘗試新挑戰會不舒服非常正常，不管你現在有哪些情緒（像是覺得挫折、羞愧等等），這些情緒都是暫時的，不代表你永遠無法做好這件事。嘗試新事物時，你也需要調整期待，你要告訴自己，有一段期間會是學習適應期，你會犯很多錯，不舒服的情緒會持續冒出來，而正是因為這些不舒服，你得以成長。

因為害怕面對未知與新事物，讓我們覺得需要有個梯子，照著梯子往上爬。或許，我們都該好好檢視心中的人生梯子：這個梯子是從哪裡來的？是誰給你的？又是誰在梯子每一階上寫著你該做什麼事情？你真的喜歡梯子上的生活嗎？還是其實是你的大腦把「熟悉所帶來的安逸感」和「安全」混淆了，讓你覺得「這樣熟悉的生活很不錯」。

**或許，我們可以嘗試將梯子拿開。當人生梯子消失後，每一種方向都是一種新的可能，你的人生可以有無限種可能的樣貌。**

梯子消失後，每跨出一步都是「第一次」，可能會讓你很不舒服，充滿恐懼，這都很正常。每一次出現「第一次」，就表示你在嘗試新東西。唯有持續嘗試，才能成長，當我們停止成長，就停止活著。

美國哈佛大學心理學家蘇珊・大衛說：「勇敢不是不害怕，而是帶著恐懼向前走。」不管你現在在面對哪些第一次，你可以大喊：「去你的第一次！」然後帶著恐懼與信任，從熟悉跳到未知。

16

# 在逆境中，善用自己的優點

前面幾篇文章談論了如何培養心智敏捷力和樂觀，幫助你用不同角度看待失敗、覺察到僵化思考模式、辨識與改變自己的解讀風格，以及如何面對新嘗試和未知，而復原力還有另外一個重要因素——自我效能，指的是你相信自己能夠辦到，了解自己的長處，並且在碰到挫折時能夠善用這些長處。

你覺得自己有哪些優點呢？如果請你列出自己的優點，你會寫下什麼？

在寫這本書之前，我從來沒有仔細檢視自己有哪些優點和長處。我猜想，台灣的教育文化讓我們傾向去看見自己「做不好」的部分，如果要我寫下需要改進的地方，我可以列出許多事項，但寫下優點對我來說卻很困難。我也觀察到，當嘗試寫下優點時，我的內心會不斷冒出質疑的聲音：「真的嗎？這點我做得夠好嗎？」

因為要寫一本跟復原力有關的書，我去上了美國賓州大學所提供的《復原力》線上課程。在這個課程中，講師凱倫．列伊維希教授請學員去做「VIA個人強項測驗」（VIA survey of character strengths），來檢視自己的優點。這個測驗檢測二十四種人格特質優點，並且幫你的優點排序，讓你看到哪些是你最擅長的特質。

這個測驗對我帶來非常大的幫助，讓我理解到自己的優勢特質，以及可以如何善用這些特質。所以，我也想邀請你去做這個免費測驗。你可以到美國賓州大學的「Authentic Happiness」中心網站實際測驗看看[1]。

這個測驗總共有兩百四十個問題，需要花一點時間。以下是這個測驗所檢視的二十四種正向人格特質。如果你還沒機會做實際測驗，可以先閱讀下頁這些特質，然後勾選你覺得自己最擅長的五項特質（請在方格中打V），以及覺得自己最不擅長的五項特質（在方格中畫Δ）。

1 賓州大學「Authentic Happiness」中心網站網址：https://www.authentichappiness.sas.upenn.edu/。點選測驗後，選取「VIA survey of character strengths」，網頁右上角可以將語言設定改為中文，就可以做中文測驗。

### ‧二十四種人格特質優點

□創造力　□好奇心　□有批判思考能力　□喜愛學習　□洞察力

□勇敢　□堅持與毅力　□正直、誠實　□熱忱與活力

□愛人與被愛　□善良　□社交智慧　□團隊合作　□公平與正義

□領導能力　□寬恕　□謙虛　□謹慎　□自我調節

□欣賞美麗與卓越　□感恩　□樂觀與希望　□幽默　□靈性／信仰

## 了解你的「招牌優點」

如果你有機會去做測驗，測驗結果會得到這二十四種特質的排序。看一下你的前五名是什麼？最後五名又是什麼？和你本來想像的結果一樣嗎？

測驗結果排序的前五名，稱作你的「招牌優點」，就像是餐廳有自己的招牌菜一樣。你的招牌優點就是你最擅長拿手、使用起來毫不費力的特質。如果你是右撇子，使用招牌優點就像請你用右手寫自己的名字，對你來說非常輕鬆。

但是這二十四種優點我們不可能都「同等」擅長，排序較後面的是你較不擅長的特質。有某些特質不擅長是很正常的，不代表你不好或有問題。使用不擅長的特質，就如同我請右撇子的你用左手寫名字（或左撇子的你用右手寫名字），做起來就比較費力。

在了解你的招牌優點是哪些後，我想邀請你反思一下：過去人生中經歷挫敗與困境時，你有使用到這些招牌優點嗎？這些招牌優點特質如何幫助你度過困境？

我自己的測驗結果顯示了「喜愛學習」與「創造力」是我的兩項招牌優點，當我反思檢視過去經歷的困境時，我才意識到，原來這兩項特質是過去幫助我度過困境的支柱。以二〇二〇年的疫情為例，疫情帶給我許多焦慮與未知，但「喜愛學習」的特質讓我大量閱讀科學文獻去理解這個新型病毒，我也聽了許多和疫情心理健康有關的線上講座，並閱讀許多書籍和文章，這些知識帶給我力量和安定，讓我知道可以如何面對疫情。我也意識到，在大量學習與吸收後，「創造力」特質則幫助我表達，像是寫部落格文章或寫書，「創作」是幫助我整理與消化資訊的方式。

再請你回去看看你的招牌優勢，然後仔細思考：人生中面對失敗或不如預期的事情時，你是如何運用自己的招牌優點？如果你現在正在經歷挫敗或困境，你覺得可以如何使用你的招牌優點？

## 善用招牌優點，也讓別人使用他的優點

因為寫這本書，我請幾位朋友填寫這個人格特質測驗，並與我分享他們如何使用招牌優點。聽著這些分享都讓我非常敬佩與感動，也更讓我對於人類的多元感到敬畏——每個人都非常獨特，都有不同的招牌優勢，而這樣的多元樣貌實在很美麗。

有一位「靈性／信仰」是招牌優點的朋友跟我分享，因為深厚的信仰，讓他能夠從每一次的困境中尋找意義，並且從困境中學習。另一位朋友說，「好奇心」讓他能夠站在不同觀點看事情，更能夠有同理心。也有朋友分享，對一切事物充滿感激，讓他知道失敗是正常的，成功是偶然，因為成功需要很多不可思議的事情都剛好湊合在一起。一位擁有「謹慎」招牌優點的朋友說，疫情剛爆發時他非常焦慮，但是當他建立起一套生活措施來降低被

感染的風險，焦慮就減輕許多。還有朋友說，「幽默」這個特質讓他能夠拉開距離看待疫情，然後笑著說：「這實在是一個很特別的經驗啊！」一位長期在社會服務領域工作的朋友說，他意識到原來是「公平與正義」這個特質，讓他能持續在這個領域中努力貢獻。

理解到每個人都有屬於自己的招牌優點後，也更讓我理解到：因為每個人擅長的特質都不同，我不能用自己的觀點來評價或批評別人。譬如，創造力可能是你的招牌優點，想出新穎的方式對你來說是件輕鬆容易的事情，但是你不能批評另一個比較沒有創造力的人，因為創造力可能不是他的招牌優點，他有他擅長的特質。

我也意識到，我偶爾會陷入自己狹隘的眼界中，僅看見自己的觀點或處理事情的方式，就覺得別人應該也要這樣做才對，當別人沒有這樣做時，內心就會去評價人，而忘記了人的多樣性，忘記了每個人都很獨特。

每個人都有不同的招牌特質，面對與處理事情的方法也不同，沒有哪種方式才是對的。在我聽到朋友們分享不同的招牌優點後，我開始更懂得欣賞每個人的獨特性。

列伊維希教授在《復原力》線上課程中問了一個問題：當你在使用招牌特質時，你有什麼感覺？

反思過去經驗後，我理解到，當我在使用招牌特質時，像是我在學習、在發揮創造力時，我感受到忠於自我、和自己很接近、充滿喜悅。這也讓我開始思考，當我在和另一個人相處時，可以怎麼樣讓對方也能善用他的招牌優點呢？

想像一下，如果在這個世界，我們每個人都可以善用自己的招牌優點、活得忠於自我，然後也能夠欣賞其他人的招牌優點，欣賞每個人的多元樣貌，那麼我相信，這個世界一定會變得非常美麗。

Part 4

# 復原力在關係裡

裂痕，是讓光可以照進來的地方。

每一次人際關係出現裂痕，

都是一個讓光照進來，可以處理人際關係的好機會。

## 17 建立關係智商，提高復原力

研究顯示，一個人的人生是否幸福，關鍵並不是來自於財富或成就，而是你的人際關係品質。

「人際關係品質」指的不是你有多少位臉書朋友、ＩＧ追蹤者、結婚或單身、一個月參加幾場聚會、每次跟多少位朋友出遊，而是你的生命中，是否有人讓你能夠展現脆弱，讓你可以說出內心真實發生的事，分享那些讓你感到羞愧或痛苦的事。這個人可能是你的家人、伴侶、朋友、同事……

如果你生命中有這樣的人，那你真的非常幸福，而這樣人與人之間的真摯連結，正是建立復原力的一個重要基礎。

### 關係智商——人與人連結的能力

近年來，我們理解到除了智商之外，能夠處理及面對情緒的「情緒智商」（EQ）非常重要，除此之外，關係智商（Relational Intelligence）也是人生中不可或缺的重要技能。

關係智商是我們維繫人與人連結的能力。人際關係如此重要，但可惜的是，我們成長和求學過程中，從來沒有人教我們如何與人建立連結。學校裡沒有人際關係課，我們只能仿效來自父母或主要照顧者的人際關係模式，而有很大的機率，你的父母也各自承襲自己原生家庭中的人際關係模式。

不僅如此，我們還活在一個非常強調「個人主義」的社會裡，這樣的社會告訴你什麼事都要靠自己，不能展現脆弱面，依賴別人是很糟糕的事情；成功是因為你做得好，失敗就是你自己的問題。

過去的我，就是抱持著這樣的信念。我不敢展現脆弱，因為成長過程中展現脆弱是不被歡迎的，我學習到什麼事情都該獨自面對，情緒要放在心裡不能說出來，我也沒學過該怎麼說出情緒。直到踏入心理諮商領域，我才開始慢慢看見自己的狀態，理解自己是如何被塑造，也同時理解原來父母也是在用他們僅知的方式對待孩子。

我意識到：我們每個人都不是只有「自己」，我們都攜帶著來自之前每一世代所傳承下來的信念、創傷、面對失去與脆弱的方式、處理情緒的方式，以及人際關係模式。當我們沒有去覺察與改變，就會把這樣的模式再傳遞給下一代。

過去的我因為不敢面對和展現脆弱，所以不知道該怎麼建立真摯的連結。但是，人是群體動物，我們每個人都需要其他人，我們需要被看見、被聽見。**這樣人與人之間的真摯連結，更是幫助你在遭遇挫敗與困境時，能夠站起來的力量。**

如果你覺得自己不知道該怎麼建立真摯的人際關係連結，你一點都不孤單。所以這一部，我們來談人際關係，幫助你培養關係智商，建立復原力。

## 你如何待在關係裡？

首先，我想先邀請你花一點時間反思：你在關係中是什麼樣子？

這裡指的關係包含不同種類的關係，像是親子關係、伴侶親密關係、友情關係、工作中和上司和同事之間的關係等等。

著名的婚家治療師艾絲特．佩萊爾提出了七個動詞，她說，從這七個動詞對你的意義，可以看出你是如何待在關係當中、如何與人相處。

請你花一點時間閱讀以下七個字詞，感受一下每一個動詞對你的意義是什麼？你可以在每一個字詞下面寫下你的想法。

這七個動詞包含：

- 去要求
- 去拿取
- 去接受
- 去給予
- 去分享
- 去拒絕
- 去玩樂或想像

在讀這七個動詞時，你觀察到什麼？有哪些情緒或想法冒出來嗎？有沒有哪幾個動詞你覺得自己特別拿手？又有哪幾個動詞你覺得特別陌生？這七個動詞對我們每個人都有不同意義，有些我們很擅長，有些卻不知道該怎麼做。我們在成長過程中學習到如何使用這些動詞，而它們成為我們現在人際關係模式中很大的一部分。

我有一位今年四十歲的女性個案貝拉，在讀了這七個動詞後意識到，「給予」是她最擅長的。成長過程中，她都不斷給予，小時候負擔起照顧弟弟妹妹的責任、打理一切，在她的信念中，別人的需求比她的需求重要，所以她必須要努力滿足別人的需求。她甚至不知道自己有什麼需求，因為成長過程中從來沒有人問過她的需求。

對她來說，去「要求」、「拿取」、「接受」和「拒絕」都非常困難，同樣地，她的成長過程中沒有任何機會去練習這些動詞。她不敢去要求，認為若要求就表示自己不夠好，會造成別人的麻煩，覺得自己是別人的負擔。的確，在她小時候，去「要求」是一件可能會對她造成危險的事，她可能會被父母親羞辱或被挨打，而「給予」，正是幫助她度過童年的方式。

那你呢？這七個動詞對你來說有什麼意義？你的成長過程如何培養你做

這七個行為？你的原生家庭和社會文化如何灌輸你做這七個動詞？他們是否告訴你哪些是應該做的？哪些是不應該的？你的性別、社經地位、種族、性傾向……等因素，又是如何形塑這七個動詞？以及，這七個動詞又是如何影響你的人際關係互動？

## 你如何面對脆弱？

成長過程讓我們對於某些動詞很擅長，對某些很陌生，這是我們度過童年、適應環境與周遭大人的重要方式。這些動詞是我們的生存機制，是我們的優點，同時也是我們的脆弱面。

回到個案貝拉身上，不斷「給予」是幫助她度過童年的生存機制，而「給予」底下也隱藏著她的脆弱面。貝拉的內心有一部分覺得沒有人真正關心她，她認為自己沒價值，覺得需要不斷給予，別人才會喜歡她，才會想要靠近她。「給予」的底下是害怕被拋棄，以及覺得不被重視。

美國心理治療師米雪兒・施可曼（Michele Scheinkman）提出了「脆弱循環」（The Vulnerability Cycle）這個概念。這個脆弱循環主要解釋伴侶關係的互動——伴侶其中一人的行為刺到另一個人內心的脆弱面，於是另一個人進入防衛機制做反擊，反擊的行為再刺到第一位伴侶的脆弱面，於是第一位伴侶也進入防衛機制。於是，兩個人卡在不斷「防衛攻擊、保護自己脆弱面」的循環舞步中。

在貝拉與伴侶的親密關係中，也常落入這樣的「脆弱循環」。當伴侶選擇跟朋友聚會或加班工作時，這樣的行為會刺到貝拉內心覺得不被重視的部分，讓貝拉進入防衛機制，而她的防衛機制就是不斷批評和抱怨伴侶說：「又加班，又跟那群朋友出去，家裡對你來說一點都不重要是嗎？」

而貝拉的批評和碎碎念，正好刺到她的伴侶的脆弱面。貝拉的伴侶在成長過程中，長期被父母親批評羞辱，每一次貝拉的批評，就會刺到她內心的羞愧感，所以她也會進入防衛機制：整個人關閉，不說話。而伴侶冷淡的行為，更刺到貝拉內心害怕被拋棄的脆弱面，於是貝拉就會加劇批評指責，讓兩人陷入這樣的循環模式中。

雖然這個「脆弱循環」主要在解釋伴侶間的互動模式，但也很適用於其他關係種類。

我想邀請你，你每一次在人際互動中覺察到自己有情緒、進入防衛機制時，請抱持好奇心，觀察內心發生的事情。你可以問自己：「當對方做那件事情或說出那句話時，我內心發生什麼事？」為什麼上司說的那句話讓我這麼難過？為什麼伴侶做的那件事讓我這麼生氣？為什麼鄰居的一句話讓我感到羞愧？我的內心怎麼了？我有哪些脆弱面？哪些事會刺到我的脆弱面？

再來，也請你花點時間檢視：當脆弱面被傷害到，你的防衛機制是什麼？你傾向使用攻擊的防衛機制，還是整個人關閉、不講話、生悶氣？

要建立良好的人際關係，首先要覺察到自己在關係中是什麼樣子，或是你在使用什麼樣的模式與人互動。你現在使用的模式，很大一部分是來自原生家庭，你可以花一點時間檢視與理解自己為什麼會形塑出這些模式，然後，就可以開始做改變。

18

# 當關係出現裂縫，光才能照進來

擁有高復原力，來自於你有良好的人際關係，真摯地與人連結。許多人誤以為擁有良好關係，就表示關係中從來不會有衝突或紛爭，但是，就如同人一定會經歷失去、痛苦、挫敗，人際關係一定會有破裂的時候。

十三世紀的詩人魯米說，裂痕是光可以照進的地方。每一次人際關係出現裂痕，都是一個讓光照進來、處理人際關係議題的好機會。

事實上，人際關係是一個過程，一個「連結—破裂—修補—再連結」的循環過程，我們除了要學習如何做連結外，也要學習如何破裂，像是如何爭吵和處理衝突，以及非常重要的，學習在關係破裂後如何修補。

## 檢視過去的關係裂痕事件

邀請你先花一點時間反思，在你生命中的各種人際關係曾經發生過哪些裂痕呢？你可以先列出不同種類的關係，像是親子、伴侶、朋友、工作、親戚……等等，然後在每一個類型之下，寫下曾經出現的關係裂痕，看看有哪些事件造成關係的破裂。

伴侶間可能因為財務、工作、孩子、家人、感情議題、價值觀不同而吵架；你和父母、兄弟姊妹也可能因為想法不同而爭吵；工作上，你可能和同事意見不合、對老闆不滿，或是和合夥人漸行漸遠。我們可能經歷各式各樣的關係裂痕，尤其當你自己在經歷失去或挫敗時，這些壓力也可能影響到你如何處在關係當中。譬如二〇二〇年疫情所造成的經濟危機、對未來的焦慮及生活型態受限，就讓許多伴侶關係與家人關係有了更多衝突。

關係中的爭執與衝突底下通常有三個核心議題，第一個是權力與掌控權——為什麼你說了算？為什麼你的需求比較重要，都是你在做決定？第二個是關愛——我是否可以相信倚賴你？你有重視我、考慮我的需求嗎？你覺得我是重要的嗎？第三個是尊重與認可——你是否看見我做的事情的價值，還有我的貢獻？你是否看到我有多努力？

請你回去再檢視你寫下的關係裂痕事件，想一想，為什麼這些事件會激起你的情緒和反應？譬如你和伴侶為了錢而吵架，你覺得伴侶太小氣不願意花錢去旅遊，這件事情你真正在意的點是什麼？事件底下的核心議題又是什麼？是否跟上述提到的三種核心議題有關？

不管是哪一種關係，會產生裂痕都是非常正常的。當出現裂痕時，有些人讓裂縫越來越巨大，到最後支離破碎；而有些人讓光從縫隙中照了進來，照亮許多該處理的議題，讓他們有機會去面對這些議題。

所以，接下來我們先來學習如何破裂，下一章會談如何做修補。

## 關係出現衝突時，你在神經系統梯子的哪裡？

還記得這本書第二部所介紹的神經系統梯子嗎？神經系統會根據外界的訊息做反應，當你感到安全時，你會待在梯子最上層，讓你能夠思考與溝通。出現威脅時，你會進入梯子的中間層，身體進入戰鬥或逃跑模式。當威脅很劇烈時，你會掉到梯子最下層，身體進入關閉或凍結狀態。

發生衝突時，若兩人的神經系統都處在中間層，這時的畫面可能就是兩人互相吼罵、激烈爭辯。若一個人在中間層，另一個人在最下層，出現的畫面可能是一個人不斷指責批評，另一個人癱瘓關閉、冷淡不說話。如果兩個人都在最下層，出現的畫面可能就是冷戰不講話好幾天。請你回想一下，當關係出現裂痕時，你的神經系統通常在哪一個狀態？你做出的行為又是什麼？你覺得對方的神經系統在哪個狀態？他的回應又是什麼？

我常常跟個案說，**關係出現裂縫是非常正常的，每一次出現裂痕時，請問問自己：「我想要連結，還是要贏？」**如果你選擇連結，那麼你必須要用健康的方式吵架，讓彼此在衝突中仍然可以保護兩人之間的連結，而不是讓裂痕加劇到完全支離破碎。

專門研究伴侶關係的心理學家約翰・高特曼（John Gottman）博士提出了四種會摧毀伴侶關係的行為——輕蔑、批評、防衛攻擊，以及漠視。高特曼博士稱這四種行為「末日四騎士」。不僅僅是伴侶關係，這四種行為同樣會摧毀任何一種關係。當關係出現裂痕時，如果你持續使用這四種行為，就可能讓裂痕更加劇。

那要如何不讓裂痕加劇呢？首先，你要能夠覺察到自己的神經系統在哪個狀態，當你處在戰鬥或逃跑模式（中間層）或是關閉或凍結（最下層）狀態時，你就很可能做出「末日四騎士」的四種行為，讓關係裂痕更嚴重。你需要覺察自己的神經系統，讓自己暫停下來，調節回到神經系統梯子最上層的平穩狀態，才能繼續溝通。

我的一位個案，在了解了神經系統梯子狀態之後，把這個知識分享給伴侶聽，於是兩個人談好，之後只要沒有處在神經系統平穩狀態時，就喊暫停，各自離開讓自己穩定下來，才能溝通。

於是每一次他意識到自己掉入神經系統中間層時，就會跟伴侶說：「我非常想努力解決這個議題，但我覺察到現在我進入了戰鬥或逃跑模式，我會做出傷害你的事情。你對我非常重要，我不想傷害你，所以我需要先暫停離開一下，等我內心平穩後，再回來討論這件事情。」接著，他會讓自己做幾次深呼吸，去運動，等平穩下來後再跟伴侶溝通。

## ❖ 這是我編造的故事，真的是這樣嗎？

這本書的第三部提到，我們每個人的大腦都是非常厲害的編劇家，會編造出各式各樣的故事。有趣的是，我們的神經系統狀態會影響大腦如何編故事，當你進入戰鬥或逃跑狀態時，大腦編造的故事有可能是：「他就是故意的！」「這個世界非常危險！」當你掉入最下層的關閉或凍結狀態時，大腦可能會說：「我非常孤獨，沒有人在意我。」「沒有人愛我、關心我。」

我們的神經系統會先做反應，大腦再根據神經系統狀態來說故事。正因如此，在關係中能夠覺察到神經系統狀態及大腦編織的故事非常重要。當我們無法覺察時，就會把這些想法當作事實，讓你相信「我的伴侶遲到就是因為他根本不在乎我」、「我的老闆一定覺得我什麼都做不好，才會用那種眼神看我」。當你把大腦編造的故事當作事實時，就更不願意和對方溝通，反而會在內心累積越來越多情緒和不滿，讓裂縫更劇烈。

你意識到大腦在編造故事、內心產生情緒和不滿時，願意說出來嗎？

美國社工系教授布芮尼．布朗博士提到，她很常在溝通時用的一句話是：「我現在編造的故事是……」(The story I am making up……)，然後說出腦中在想的事情。譬如當你和伴侶在說話時，他心不在焉地滑手機，讓你產生情緒。與其批評他：「你就是每一次都不聽我講話，你有在乎我嗎？」

你可以這樣說：「當剛剛我告訴你我的挫折時，你繼續滑著手機，這個行為讓我腦中編造的故事是：我的感受對你並不重要。」

我們要練習從使用「攻擊、指責人」的防衛機制，到誠實表達內心的情緒和想法。**一段良好的關係來自於兩個人都願意展現脆弱面，讓對方看見自己的內心。**而這也包含著，覺察到自己大腦編造的故事，然後願意去和對方溝通釐清這一點：這是我大腦編造的故事，真的是這樣嗎？

而我猜想，對許多人來說，要展現脆弱面並不容易，你可能從成長過程中學習到不可以展現脆弱，或者這個社會灌輸你展現脆弱是不對的。譬如，社會加諸在男性身上的陽剛文化更是強調不可以表達脆弱，所以許多男性學會使用攻擊、暴力、憤怒等行為來遮蓋心中的脆弱面。

展現脆弱是一件很需要勇氣的事情、是需要冒險的，因為你無法控制結果，不知道對方會如何回應。但所有人與人之間的愛與連結，都需要承擔風險，因為你可能會失去，可能被拒絕，但願意讓自己脆弱，就是願意在不知道結果會如何的情況下，說出內心真正的話，展現真實的自我。

**願意讓自己脆弱，人與人之間才得以建立深厚的連結。**

# 19 修補關係，學習真心誠意的道歉

我們是人，這代表著我們會犯錯，會把事情搞砸；我們會傷害到其他人，也會被傷害。因為我們都不完美，所以人際關係一定會有破裂的時候。

邀請你花一點時間思考，在各種關係類型中（伴侶親密關係、親子關係、朋友關係、工作關係……），當關係破裂後，你都是如何修補？也請思考一下你的原生家庭成員是如何修補關係？這和現在你修補關係的方式是否有相似之處呢？

## 心態，影響了人際關係的解讀

我在第三部解釋了擁有「固化心態」和「成長心態」的人，對於看待與面對失敗有非常不同的觀點；同樣的，這兩種心態對於人際關係也有很不一樣的解讀。

以親密關係為例，想像現在有兩位女性，小慧與小嵐，都有一位伴侶。

小慧擁有固化心態，她認為一個人的才華、能力、特質都固定不變。當她進入親密關係後，她也會認為伴侶的特質及關係的品質都是固定且不會改變的。對小慧來說，她認為要找到一位「完美、命中注定」的伴侶，這樣才會有完美的關係。

兩人相處時，小慧認為伴侶應該要很了解她，要知道她心裡在想什麼；她也認為自己都知道伴侶心中在想什麼。固化心態的人覺得自己知道對方在想什麼，所以他們習慣做假設，而不是去溝通。譬如在規劃旅行時，小慧會假定「伴侶會跟我一樣喜歡……」，而不是去詢問對方想要什麼。發生爭執時，固化心態的人傾向指責對方，而且因為固化心態的人認定伴侶和關係的品質不會變，所以小慧覺得一旦「出現爭執」，就表示兩人不是命中注定，而不是認為兩人需要努力溝通、處理議題。

相反地，擁有成長心態的小嵐，看待親密關係的方式就很不一樣。小嵐認為自己的能力和特質是可以藉由努力有所成長，同樣的，她也認為伴侶和關係的品質，都可以經由努力而成長。成長心態的人知道世界上沒有「完美伴侶」，兩人之間有差異和爭執是正常的，一段好的關係就來自於兩個人努力做溝通和處理差異，所以小嵐會去溝通，而不是假設自己知道伴侶需要什麼。關係破裂時，因為成長心態的人覺得關係品質是可以成長的，所以爭執後，小嵐也會與伴侶溝通解決議題。

你面對與處理親密關係的方式，是像小慧還是小嵐呢？不僅僅是親密關係，在面對各種人際關係，你擁有固化心態還是成長心態？你認為一個人一旦犯錯就表示他是一個糟糕的人嗎？還是你相信人可以改變，願意給人犯錯後做修補的機會？

如果你意識到自己在面對人際關係時擁有固化心態，不用氣餒，從現在開始你可以練習幫助自己建立成長心態。世界上沒有完美關係，如同上一篇提到，關係就是「連結—破裂—修補—再連結」的循環過程，所以出現裂痕是很正常的，關係的成長與建立信任，是來自每一次破裂後能夠做修補。

**修補關係的第一步，就是從學習如何真心誠意的道歉。**

## 你知道怎麼道歉嗎？

「你會道歉嗎？你知道如何真心道歉嗎？」某一次在聽Podcast時，美國心理學家哈里特．勒納（Harriet Lerner）博士這麼問。

聽到這個問題時，我愣了一下，心中冒出來的第一個想法是：「說『對不起』三個字很容易吧，我們從小都被父母和老師要求說『對不起』啊！」然後，我繼續想著：長大後呢？我們會道歉嗎？你有聽過你的父母互相道歉嗎？成長過程中，你的父母有向你道歉過嗎？如果你是位家長，你有向你的孩子道歉過嗎？

我想到好幾位個案都曾經說過：「我的父母從來沒有跟我說過對不起。」其中一位個案描述：「我媽媽從來不會道歉，我也從來沒聽過我的父母互相道歉。就算是她指責我亂拿東西、後來發現是她自己亂放，也完全沒道歉，就好像什麼事情都沒發生！」

我猜想，你聽到「道歉」這兩個字時，可能會有不同的解讀、想法或情緒，而這些反應大部分也來自你的原生家庭如何道歉。

上一次在台灣時，我有不少時間陪伴我兩歲的雙胞胎姪子，其中一位非常會說「對不起」三個字。有一次我不小心撞到他，我跟他說：「對不起我撞到你了！」他也回我：「對不起！」另外一次，我聊天說到有兩個人發生爭執時，他抬起頭來，眼睛瞪大地對我說：「對不起。」這樣的畫面很可愛，但也讓我不禁想著：他小小的腦袋瓜裡，到底覺得「對不起」這三個字是什麼意思？

請你花點時間反思，在你心中，道歉是什麼？在不同關係中，你會道歉嗎？你都是如何道歉的？當你道歉時，對方通常會如何回應？

## 為自己的部分道歉

勒納博士在她的著作《你為什麼不道歉》（*Why Won't You Apologize?*）中，講解了我們該如何做一個「真心誠意」的道歉。她說，關係中的衝突通常不會只來自一個人的責任，而就算你覺得對方錯的成份比較大，你能不能去看見自己該負的責任，然後真心為自己那部分的行為道歉？

勒納博士舉了個自己的親身例子。她先生每次都會買一串熟透的香蕉，她已經告訴先生非常多次，這樣香蕉會很快爛掉，但是先生的行為依舊，讓她非常生氣。在一次的爭執中，她說出傷人的話：「是怎樣糟糕的人會這樣浪費食物？」雖然她還是認為先生行為不改、錯的成份比較大，但是她說出了傷害對方的話，於是，她為那個部分向先生道歉。

真心誠意的道歉並不能「帶有目的」，你必須是真心為你覺得做錯的行為道歉，而不是藉由道歉來達到目的。有些人覺得：「我都道歉了，你就一定要原諒我！」或是「我都已經道歉了，你為什麼還會生氣？」又或者，有些人覺得道歉後，對方就會願意替你做事情。這些「道歉」都帶有私利，是為了滿足你自己的需求。

勒納博士解釋，在道歉時，要為「自己所做的行為」道歉，譬如當你說了充滿性別歧視的話語時，你要道歉的是：「我很抱歉我開了一個貶低女性的玩笑。」而不是說：「很抱歉我的玩笑讓你感到很受傷。」因為後者就把責任推到了另一個人身上，這句話暗示著：是因為你太敏感，所以才會對這個玩笑感到受傷。

除此之外，道歉時不要加上「但是」。有些人在道歉時會說：「我很抱歉對你大吼，但是，就因為你每次都不好好聽我說話，我才會……」這樣的道歉通常只會讓兩個人再度陷入爭執中。如果你今天是真心誠意為自己做錯的部分道歉，那麼，請不要加上「但是」，關於兩個人的溝通議題，可以留到之後討論。

另外，道歉不能是只用說的，還需要配合行為上的改變，如果你口頭上說：「我不會再做這樣的事！」但行為依舊，那也不是一個真誠的道歉。

讀到這裡，請你暫停下來思考一下：你通常都是如何道歉的呢？你能夠真心誠意地為自己該負責任的部分道歉嗎？還是，你習慣過度道歉，把「對不起、抱歉」常常掛在嘴邊？你成長的家庭或社會文化如何教導你道歉？

接著，也請你回想一下最近這陣子道歉的經驗：你道歉之後，對方如何回應呢？當有人向你道歉時，你又是如何回應？

## 謝謝你的道歉

在諮商許多的個案後，勒納博士發現，許多人不願意道歉的原因，是過去的經驗告訴他：如果我道歉，對方就會藉機責備羞辱我。我曾經有一位個案就說過：「我如果向爸爸道歉，他就會開啟長達半小時的責備，像是罵我：如果你真的知道錯的話，當初就不會這樣做了！之前一再地提醒你，你都沒在聽，難怪最後會做錯！你就是這樣，從來都不好好聽，你這樣下去要怎麼辦？……」

這樣的話語你是否覺得很熟悉？

回到一開始提到的固化心態和成長心態，如果我們抱持著固化心態，就可能無法接受另一個人的好好道歉，因為你不相信人可以做改變和成長。我們可以試著練習建立成長心態，相信人可以從錯誤中學習，也給對方犯錯後修補的機會和空間。

勒納博士也提到，很多時候對方向你道歉之後，你會回應：「唉唷，不用道歉啦，這沒什麼，不用在意！」就算我們可能真的被傷害了，卻在別人道歉時表現出一付「這沒什麼」的態度。而我理解到，原來我們不但不太會道歉，也不知道該怎麼接受道歉。在讀了勒納博士的書後，我也開始改變自己回應道歉的方式。當別人道歉時，我現在會練習說：「謝謝你的道歉。」不用再加任何解釋或論述。

我覺得「謝謝你的道歉」這句簡短的話很有力量，它表達的是：你的行為的確可能傷害到我，我也很感激你願意看見自己的行為，然後道歉。我給別人空間道歉，我也接受這個道歉。

一個真心誠意的道歉，是給另一個人很棒的禮物，因為你傳遞訊息給另一個人說：你的感受對我來說很重要，我會考慮你的感受。不僅如此，道歉也是一個給自己的禮物，因為你坦然去面對自己傷害到別人的行為，然後願意讓自己脆弱，願意向別人道歉。

而一個真心誠意的道歉，更是給彼此關係的美好禮物。既然復原力來自於你擁有良好的人際關係，而人際關係就是「破裂—修補」的過程，當你知道如何做修補，才能繼續維繫良好的關係品質。這些人與人間的連結，正是當你經歷困境與挫敗時，幫助你復原的力量。

# 20 當好事發生時，你也會在這裡陪我嗎？

美國心理學教授雪莉．蓋伯（Shelly Gable）博士曾經寫過一篇文章，標題叫做：「當事情過得很好時，你也會在我身邊嗎？」

讀到這個文章標題時，我想了許久。這篇文章到底要講什麼？當好事發生時，關係還會出現裂痕嗎？

我想起一位女性個案曾經分享，當她打電話和媽媽分享自己工作上被升遷的好消息時，電話中傳來的不是喜悅，而是質疑與批評：「你有辦法勝任嗎？你不是一直喊工作壓力很大，現在還要升主管？而且你這樣要怎麼顧小孩和家庭？」當她和先生分享升遷的消息時，也是換來對方的不悅回應：「所以接下來我要花更多時間照顧孩子嗎？我就沒有自己的時間了嗎？我的工作也很忙啊！」

## 分享好事時，收到的回應是……

或許你也有過這樣的經驗，你和伴侶、家人或朋友分享令你興奮的事情，可能是你的成就、你被認可、想做的新嘗試，但對方似乎沒有那麼開心，甚至還有點冷淡，或是開始質疑你，讓你覺得被潑了一桶冷水。

或者，你也曾經當過那個潑冷水的人。身邊的人與你分享好消息時，你開始質疑或評價對方。會有這些行為，可能是因為對方的成功讓你感到威脅，讓你覺得妒忌，戳到你內心的不安全感。

我們都知道，良好的關係來自於在困境中能夠互相支持，但在讀完蓋伯教授的文章後，我理解到：**原來，人與人之間的連結不僅僅來自於挫敗中的互相扶持，一段堅固良好的關係，還要能夠一同分享喜悅，在對方成功大放光彩時，真心真意地替對方感到開心。**

請你回想一下，當好事發生時，你通常會找誰分享？那個人如何反應？或者，當身邊的人來跟你分享他發生的好事情時，你通常又是如何回應？

前面文章提到，關係是「連結—破裂—修補—再連結」的循環過程，而當身邊的人與你分享好事情時，你的回應方式可能會讓關係加深連結，或是讓關係出現裂痕。美國賓州大學教授凱倫．列伊維希博士在《復原力》線上課程中解釋，當身邊的人分享好事，一般人會有四種回應方式，分別是：「喜悅放大器」（Joy Multiplier）、「對話殺手」（Conversation Killer）、「喜悅小偷」（Joy Thief）及「對話挾持者」（Conversation Hijacker）。而這四種模式，只有一種可以增進關係品質，加深連結，其他三種都可能讓關係出現裂痕。

接下來我會介紹這四種回應模式，在你一邊讀的過程中，也邀請你思考：你最常使用的是哪一種回應模式呢？

### 喜悅放大器

「喜悅放大器」是四種模式中唯一能夠增進關係品質的回應。

當對方和你分享好事時，你的肢體語言表達出你的開心，你仔細聆聽、問問題讓對方多分享；你和對方一起感受喜悅，讓喜悅變得更大。

譬如當前面提到的個案和先生分享升遷的消息時，如果先生用「喜悅放大器」的方式回應，他會呈現出開心的肢體語言，先生可能會問她對於升遷的感覺如何，讓她多分享想法與感受，先生也可能會分享他看見她的各種優點。當然，工作上的升遷表示兩人需要討論接下來生活型態的調整，但這些都可以之後再找時間討論。這個當下，他們分享喜悅，讓關係好好連結。

當別人和你分享喜悅時，你有當個喜悅放大器嗎？還是，你落入了以下三種會侵蝕關係、讓關係破裂的模式？

## 對話殺手

用相同的例子，當妻子和先生分享升遷的消息時，先生頭也不抬地繼續看手機，冷冷地說：「喔真是太棒了。」如果你是這位妻子，你會有什麼感受呢？

雖然先生說出「太棒了」三個字，但是他的肢體訊息和語氣並沒有呈現出為妻子感到開心或想繼續對話，這樣就成為了「對話殺手」。當然，很多時候我們當下太忙或很疲倦時，就有可能用這樣的方式回應。我也曾經看過許多親子互動中出現「對話殺手」，譬如當孩子很興奮地想跟爸爸分享今天在學校生發的事情時，爸爸不耐煩地回應：「你先不要吵，我要先處理這件事情，你十五分鐘後再來跟我說。」而通常，孩子就不會再來說了。

的確，生活許多時候很忙碌，你覺得工作比較重要，但如果可以的話，我們能不能在重要的人與你分享喜悅的當下，先暫停下來，把時間給那位重要的人，好好接住他的喜悅呢？

## 喜悅小偷

你是一位喜悅小偷嗎？「喜悅小偷」做的事，就是當對方分享好事情時，開始提出擔憂與質疑。就像案例中的媽媽說：「你有辦法承受當主管的壓力嗎？你這樣要怎麼照顧孩子？」或是像伴侶回應的話：「所以接下來我要花更多時間照顧孩子嗎？」

當我們變成了喜悅小偷，不但把對方的喜悅偷走，還製造許多敵意、質疑，讓關係出現裂痕。

當我讀到什麼是「喜悅小偷」時，我心中倒抽了一口氣：啊，我也曾經當過喜悅小偷，而且還不少次！我理解到自己當時的反應一定讓對方非常不舒服。如果你也當過喜悅小偷，可以反思一下：是什麼原因阻礙了我們和對方一起感受喜悅的能力呢？

有人可能會說：「我不希望對方太興奮，如果最後事情不如所願，那會更失望！」「我很怕他會壓力太大，所以想提出這些問題，希望他好好想想！」不論你說出哪些原因，我想邀請你去檢視這些原因底下，是否有更深層的核心議題需要你去處理？以及，在對方分享喜悅的當下，我們能不能先收起自己的需求，去和另一個人的快樂待在一起就好？

## 對話挾持者

最後一種回應方式稱作「對話挾持者」，顧名思義，就是當你在分享開心的事情時，對方不但不專心聽，還立刻轉換話題。譬如例子中的妻子和先生分享自己工作升遷的消息後，先生回應：「是喔，很不錯。欸，我今天看到一款新的球鞋，我一直在猶豫要不要買，你覺得我要不要……」然後開始拿出手機滑購物網站。

如果你當過對話挾持者，請你反思一下為什麼會這樣回應呢？有可能當對方跟你分享興奮的事情時，也讓你聯想到令你興奮的事，於是你迫不及待地分享，於是打斷了對方的話。或者是對方的成功可能讓你覺得很羨慕，甚至刺到你心中的不安全感或脆弱面，於是你潛意識開始轉移話題，或也開始炫耀自己的成就和好事。

## 當事情順遂時，我也會在這裡陪你

人是群體的動物，我們需要其他人來幫助我們復原。良好的復原力來自於你能夠建立良好的人際關係，因為人與人的連結，可以治癒另一個人。而良好關係的基石，不僅來自於對方能夠接納你的脆弱面，以及同樣的，能夠好好接住你的喜悅與快樂。

讀完這四種回應模式後，我更加覺察到自己平常都是怎麼回應人。我發現，在諮商室中面對個案時，我很能夠進入諮商師的角色，給予空間、接納、聆聽、不評價。但如果是其他關係型態，我就比較容易插話、打斷別人的話、急於分享自己想分享的事，忽略了也要給對方空間。有了這些覺察後，我也開始練習在和別人相處時，更加認真傾聽，更有意識地要當個喜悅放大器。

也邀請你花一點時間在紙上寫下心中重要的人，然後反思當這些人跟你分享喜悅時，你通常會用哪些模式回應呢？如果你發現自己很常當對話殺手、喜悅小偷或對話挾持者，那麼，你現在意識到了，就可以開始做改變。

我相信，你在紙上寫下的這些人，都是你很關心、在乎、對你很重要的人，那麼，這些人更值得你用心去建立一個空間，好好傾聽，好好回應，讓他們不僅能和你分享脆弱面，也能一起將喜悅放大。

## 21

# 好好溝通——如何聽，比你如何說更重要

我曾經聽過一場演講，演講一開始，講師帶學員做深呼吸，讓身心平穩下來，然後他緩緩地說：「今天你會從這場演講帶走什麼，取決於你『如何聽』——你如何聽到我講的東西？你如何讓這些資訊落在你心中？」

演講結束後，我心中一直浮現這句話，並反覆思考著：我帶走什麼，取決於我如何聽？在和別人說話時，我們到底是「如何聽」的？

我開始回想諮商室中的個案，尤其是伴侶或家庭諮商會談，腦中開始浮出一些對話。

「我希望你可以多花一點時間陪我。」一位伴侶說。

「我工作就是這麼忙，我也沒辦法啊，你為什麼不能理解，總是要批評

我？」另一位回答。

如果單純從這兩句話，你看到什麼？我看到一位伴侶說出內心的期許，而另外一位聽到的是「你在攻擊我」，於是防衛反擊。我發現，原來對話當中，「如何聽」似乎比「如何說」還要更重要。

邀請你花點時間反思，在日常生活和各種關係中，在和別人說話時，你都「如何聽」呢？尤其當對方和你的觀點不同時，你又是如何聽的？

## 你在爭辯，還是對話？

想一想，你在「聽」對方說話時，是為了爭辯，還是為了對話？

爭辯與對話是兩種非常不同的文化，「爭辯文化」（Culture of Debate）告訴你談話的目的是「為了贏」。「聽」對方說話是為了找出破綻或缺點，讓你可以反駁。你是在戰鬥，不是真的在聆聽。

相反地，「對話文化」（Culture of Dialogue）讓你願意好好去聆聽對方在說什麼。「聽」是為了理解，而不是找出論點來反駁對方。你願意打開心胸，去吸收對話的觀點，去找出共同點，去嘗試能不能一起建立出新的意義和觀點，以及去檢視自己的觀點和假設。

我猜想，台灣的教育讓許多人都養成了爭辯文化，讓我們在與他人談話時，急著去證明自己是對的，而不是真正去傾聽別人的觀點。某些特定日子，更可以看到這些爭辯文化浮上檯面——選舉、過年家族團圓、發生社會事件或抗爭活動時，我們各自在不同地方爭辯，在網路上、社群網站上、街道上、餐桌上、房間裡，我們爭辯著不同政治立場、不同價值觀、各種社會議題等等。

請你回想一下，在不同關係當中的談話，你都是如何聽的呢？你的聽是為了找出破綻來攻擊，還是你真的想要理解對方？

美國精神科醫師丹尼爾．席格（Dan Siegel）發明了一個小活動：首先，請你先大聲念出十次「不行」：「不行！不行！不行！不行！不行！不行！不行！不行！不行！不行！」念完後覺察一下，你現在心理和身體有哪些感受？

接下來，為自己輕柔地唸十次「好啊」：「好啊、好啊、好啊、好啊、好啊、好啊、好啊、好啊、好啊、好啊。」同樣的，去感受一下現在身體有哪些感覺？

我發現，當我大聲唸十次「不行！」時，我立刻感受到心跳加速、身體緊繃、神經系統進入戰鬥或逃跑狀態；而當我溫柔地說「好啊」這個詞，則讓我身體放鬆下來，回到平穩狀態。

其實，很多時候我們在進入和對方的談話前，早就在心中大喊了十次「不行！」，而且心想：「他才不想聽呢！每次怎麼講他都聽不懂！他根本無法對話溝通。」然後，我們帶著這樣的戰鬥狀態和爭辯文化去和對方說話，當然溝通無效。

## 走過橋，與另一個人相會

想想看，當你遇到「不一樣」時，像是和你不一樣的想法、觀點或價值觀，你通常會冒出哪些情緒或反應？以及，在成長過程中，你的家庭和社會文化是如何教導你面對「不一樣」？

我猜想，有許多人在成長過程中學習到的是：「不一樣」就是錯的，就是有問題的。畢竟在我們受教育的過程中都被要求一致，要跟別人一樣，讓我們沒有太多機會練習容納差異與不同。

而關係中的許多衝突和破裂，都來自於差異。你覺得這樣做才對，但同事覺得要那樣做才對；你這樣想事情，但伴侶覺得應該要另外那樣想。每個人都是獨特的，所以有差異是非常正常的事情，而面對關係中的差異，我們要做的並不是「消弭差異」，而是去處理如何和差異共處。

你能不能夠接受同樣的事件，你和另一個人就是有兩種完全不同的解讀，而且你們兩個都沒有對錯，就是看待事情的方式不同？而當我們發現另一個人和自己「不一樣」時，你願不願意放下想要捍衛自己的需求，試著去真正理解另一個人？

著名的婚家治療師艾絲特．佩萊爾曾經說過一個比喻，我非常喜歡。她說：「你願不願意走過橋，去拜訪另一個人？」也就是說，你願不願意把自己的想法或觀點放在你所在的橋的這一側，然後抱著開放的心胸，越過橋，進到另一個人的世界，真心真意去認識與理解這個人？

在聽到這個比喻後，我也嘗試練習：每一次對話前，我會在腦中想像著一座橋，我在這一側，要與我對話的人在另一側。然後，我把裝著我的觀點與偏見的包袱放下來，走過橋，去與另一個人相會。

## 同理傾聽，好好接住對方傾倒出來的東西

一行禪師提出了「同理傾聽」（Compassionate Listening）這個詞。他說：「同理傾聽，就是讓另一個人能夠把心中累積的東西清空。」讀到這句話時，我的腦海中浮現一個畫面：一個人手中穩穩地捧著一個大容器，接住另一個人從心中傾倒出來的各種情緒和痛楚。要這樣接住對方的情緒，是很不容易的事，而這樣的畫面，多麼美麗。

我們常常誤以為「幫助人」就是要「想辦法解決問題」，所以當另一個人來和你吐露心事時，我們很常落入想辦法、提供主意的模式——告訴對方「該怎麼做」、「你不應該這麼想，應該要怎麼想才對」，或是「不應該有這些感覺」。但這些都不是傾聽，而是你把自己的想法加諸在另一個人身上。

「傾聽」本身就是一個動作，是個我認為非常美麗的動作。你願意穩穩地捧著這個容器，完全接住另一個人內心傾倒出來的東西。

此時此刻，你放下自己的看法和評價，不把自己的意見加諸在別人身

上，你讓對方知道：不管你心中有哪些東西，都可以傾倒出來，我會穩穩地接住。「我沒有要改變你，我想和真實的你待在一起，你的每一種情緒和感受都是被歡迎的。」這樣全然的接納，就能夠讓另一個人減輕許多痛楚。

**我們可以練習同理傾聽，學習穩穩地捧住容器，全然接納另一個人傾倒出來的痛楚。雖然這些傾倒出來的東西不完美，**卻十分珍貴，**這是人與人之間最深層與真摯的連結。**

復原力來自人與人的連結，當你有良好的人際關係時，這些連結就像是個穩固的網子，在你因為經歷挫敗與困境而墜落時，能夠牢牢地接住你、支撐著你。**當有人可以和你一起撐住痛苦和悲傷時，那些你原以為無法承擔的痛楚重量就會變得輕一點，**你就更有能力和自己的痛苦待在一起。

這樣的人際連結網子撐住你，讓你有個空間可以好好面對心理傷口，安心地讓自己的傷口復原，然後準備好時，站起來再重新出發。

我們每個人都需要彼此。復原力，正來自於我們有彼此。

Part 5

# 當危機過後，你要帶走什麼？

世界上許多事情我們無法掌控，

但是我們擁有最終的自由——

我們如何做回應、如何賦予這些事件意義，

以及要從中帶走什麼？

## 22 經歷挫敗後，讓自己活回來

從猶太大屠殺集中營中存活的心理學家維克多．弗蘭克說過：「在刺激與反應之間有個空間，在那個空間中，我們有力量能夠選擇如何回應，而我們的反應決定了我們的成長與自由。」

身為一位創傷治療師，我對於人類如何在受創環境存活感到非常有興趣，我讀過幾本猶太集中營倖存者的回憶錄，想理解他們是如何存活，以及離開集中營後的生活。我非常喜歡的婚家治療師艾絲特．佩萊爾曾經分享過，她的父母親都是集中營倖存者，而且是雙方家族中唯一的倖存者。為了想多理解，我聽了許多場艾絲特．佩萊爾訪談，聽她描述父母親的經歷、離開集中營後的生活、以及這如何影響她的成長。

## ✻重新活回來

佩萊爾分享，她的父母親是在解放日那天相遇，她媽媽是一位高知識分子，爸爸是文盲，沒受過多少教育。在一般情況下，這兩個社經地位懸殊的人不可能結婚，但這是當時許多倖存者做的事——我們彼此什麼都沒有了，就結婚，很快生下孩子吧。

她成長過程中，居住社區都是集中營倖存者。她分享著，以前總覺得社區中分為兩種人，但卻無法說清楚，直到她成為婚家治療師，回頭檢視她成長的社區，才意識到這個社區中的確有兩群人：一群人從集中營存活後「沒有死亡」（Not being dead），而第二群人則是從集中營存活後「活了回來」（Come alive）。

「沒有死亡」的那群人，每天充滿恐懼，無法信任別人，深陷在倖存者內疚中，他們充滿怨恨，覺得人生已經毀了。而「活了回來」的那群人則是對生活充滿生命力，他們認為：我存活了，就更要好好活著，替那些無法留下來的人一起活著。而佩萊爾的父母親正是屬於「活了回來」的那群人。

從小，佩萊爾的父母就會跟她談論集中營，但是他們談論集中營的口吻並不是生命有多悲慘和不幸，而是他們使用哪些策略讓他們在集中營中存活，以及他們建立了哪些共患難的情誼、哪些事情讓他們變得更堅強。她的父母親在集中營待了好幾年，都抱持著強烈的決心一定要活下來，相信將來某一天一定會跟家人團聚。

心理學家弗蘭克從集中營存活後出版了《活出意義來》（*Men's Search for Meaning*）這本書，書中寫著：「你可以把一個人的所有東西都剝奪走，但唯一無法奪走的，是這個人的最終自由——一個人選擇如何看待事情的自由。」在佩萊爾的父母親身上，我看到了弗蘭克所說的「一個人最終的自由」。她的父母無法讓集中營這樣的事不發生在自己身上，不過他們選擇了解讀的方式——我們存活了，更要好好活著。

聽到她父母的經歷讓我心中非常感動與敬佩。經歷過集中營的劇烈創傷後，這樣讓自己重新活了回來，展現出多麼大的韌性和復原力。

我們可以把「集中營」這個詞代換成其他各種詞彙——失去、失敗、心碎、挫折……，有些人在經歷這些困境後「沒有死亡」，而有些人重新「活了回來」。

這也是我想寫這本書的原因。我們無法避免經歷挫敗，但我們都能找到內心的復原力，讓自己在經歷挫敗後，重新活回來。

## 從失敗與困境中，尋找意義

每一個失敗、失去、困境或創傷事件，都伴隨著失落與哀傷。你預期該發生的事情沒有發生，你本來擁有的人事物消失了，你被別人傷害了，或者，這些事件剝奪了你本來的自我認同、價值觀、安全感或信任感。

談到失落與哀傷，大家都會想到伊莉莎白・庫伯勒—羅絲所提出的哀傷五階段——否認、憤怒、討價還價、憂傷，以及接納。每一次經歷失落與哀傷，會有這些情緒都是正常的。與庫伯勒—羅絲共同建立哀傷五階段的心理師大衛・科斯勒（David Kessler），則是在二〇一九年底，加上了哀傷第六階段：尋找意義。

一開始聽到「尋找意義」這個詞時，我覺察到內心冒出排斥感，我想到許多經歷哀悼的人都談到身邊的人會教誨他們：「他的過世讓你知道人生什麼最重要了。」「這是上帝給你的考驗，你一定可以克服。」「孩子去世是為了教導你成為一位更強壯的人。」而這些話語讓他們感受到被評價，無法好好感受哀傷。

但在讀完科斯勒《尋找意義：悲傷第六階段》（*Finding Meaning: The Sixth Stage of Grief*）後，我才理解到，「尋找意義」和我原本心中設想的不一樣。科斯勒解釋：苦難本身並沒有意義，你的孩子去世或伴侶去世，都不是「為了教你什麼」。這些失去並不是為了讓你克服人生考驗，也不是禮物，更不是為了幫你上一門人生大道理的課。

失去就是失去，是生命中本來就會發生的事，經歷失去和痛苦，是人生的一部分。而「尋找意義」是我們在傷痛事件發生後，選擇如何回應，如何繼續活著。**「尋找意義」就是心理學家弗蘭克所說的——每個人都擁有最終選擇如何回應的自由。**

科斯勒解釋，尋找意義並無法抵消哀悼的痛，你依舊必須去感受痛楚與悲傷。哀痛是愛的延伸，有愛，就會有哀慟。雖然死亡讓一個人的生命結束，但是你與那個人的愛與連結並沒有因此結束。我們與摯愛的人除了有肢體上的連結外，還有情緒與靈性上的連結。生命死亡讓肢體關係消失了，但是你依然能夠持續與這個人建立情感與靈性上的連結。

死亡發生後，你與已逝者之間的愛與連結依舊存在，只是用不同方式存在著。而尋找意義來自於：失去後，當你的人生被迫繼續向前轉動，你要如何和這個人持續維持愛與連結？

同樣的，失敗與困境是人生中本來就會發生的事情，每一次失敗與困境發生後，你也必須讓自己去感受痛楚，去哀悼消失的人事物，哀悼消逝的自我認同或是未來想像。然後，讓自己從失敗與困境中尋找意義——這件事情已經發生了，你要從中帶走什麼？你要如何帶著這些意義繼續向前走？

## 在生命中，讓自己「現身」

知名導演伍迪．艾倫（Woody Allen）曾說過：「生命中百分之八十的成功，來自於你願意『現身』。」讀到這句話時，我思考了很久，尤其是「現身」（show up）兩個字。

然後我想到了婚家治療師艾絲特．佩萊爾提到的兩群人：一群人「沒有死亡」，另一群人「活了回來」。我心想，「活了回來」，就是願意在生命中讓自己現身吧。

「現身」就表示你願意出現、面對、願意待在那裡。在生命中願意「現身」，就是每一次面對挑戰時，就算結果可能失敗，你還是願意讓自己去嘗試；當身邊的人正在經歷痛苦時，你願意出現，和另一個人的痛楚待在一起；你願意去愛人，向另一個人表達心中的感受，就算你可能會心碎或被拒絕；你願意坦然面對自己的內心世界，看見自己的情緒與想法，以及傾聽這些訊息。

這樣看來，「現身」的確是一件很需要勇氣的事。因為現身後，你可能會經歷挫敗、失望、失去，以及各種令人不舒服的情緒。現身面對之後，你可能會需要做改變，需要放掉安逸和熟悉感，讓自己面對未知與不確定。

幾年前，美國紐約市中心街道上被放上了一塊大黑板與許多粉筆，黑板上寫著「請寫下你人生中最後悔的事情」，經過的路人們紛紛拿起粉筆，寫下他們人生中後悔的事。黑板上寫著：沒有說我愛你；沒有說出內心想說的話；沒有去追求想做的事情；沒有去行動；沒有當一位更好的朋友；沒有去嘗試；沒有對新機會說「好」；沒有跨出我的舒適圈；沒有去參與……

每個人的一句話，都是一個生命故事，而從這塊黑板上被寫下的各種後悔，我讀到了許多「沒有」——那些沒有說出的話、沒有採取的行動、沒有追求的理想。大家最後悔的並不是做了什麼而帶來糟糕的結果，而是「沒有」去做——沒有現身、沒有去面對。

不敢現身的背後可能是恐懼——恐懼犯錯、恐懼失敗、恐懼被拒絕；但是當恐懼主宰了生命，我們就是過著「沒有死亡」的生活。

或許過去的失敗與困境，讓你現在卡在「沒有死亡」的生活方式，而我們都可以讓自己重新活回來——練習讓自己現身。不需要完美，只需要願意現身、出現就好。

## 23 成長，需要讓自己能夠待在「之間」

有很長一段期間，我的桌前牆壁上貼著一張我從網路上讀到的句子：「所有美好的改變，都來自於先有混亂。」（All great changes are preceded by chaos.）

當時的我正經歷失去，本來規劃好的人生計劃突然間一片混亂。每一天，我都會盯著牆上貼著的這張紙，心裡想著：「我希望這句話是真的！」一部分的我想相信這句話，這樣我才能對未來充滿信念；但另一部分的我充滿懷疑，這些混亂讓我看不清楚前方，我不知道接下來會發生什麼事？

博士班畢業後因為搬家，這張紙被我收進了盒子裡。在寫這本書時，我想起了這句話，然後去翻出收納盒，找出這張當初貼在牆壁上的紙。這次重新讀這個句子時，心中充滿感激，因為當初發生的混亂讓我成長與改變，成為現在更喜歡的自己。

其實，所有的成長與改變都需要經歷混亂。你必須要讓「舊的自我」瓦解碎裂，然後攜帶走你想保留的部分，捨棄該放下的部分，再加入新的東西，才能慢慢建立起「新的自我」。正是因為有混亂，讓本來整齊排序好的東西鬆動了，才能重新製造空間，才能挪動與改變。

這樣的經驗也讓我改變一些人生觀。過去的我非常討厭未知，總是需要事先規劃好一切，認為人生就應該要依照我規劃的進行；而現在的我，每當混亂出現時，則是多了一點好奇心，想著：不知道這次的混亂，會讓我有什麼改變？會把我帶去哪裡？

## 混亂，是改變的開始

在諮商中，我很常用划船向個案做比喻。你離開了熟悉的岸，來到水中央，在這裡，你已經看不見本來的岸，但也看不到另一端，在一望無際的湖水中，你覺得自己迷失了。熟悉的人事物消失，現在一切都很陌生、充滿未知，你覺得很恐懼，不知道接下來該往哪裡去，不知道將來會是什麼樣子？

你來到了「之間」（in-between）地帶。

人生中有許多可以離開熟悉岸邊的機會，有時是你主動的，有時是被迫的。我猜想，二〇二〇年爆發的疫情，讓許多人被迫離開自己熟悉的岸，這個熟悉的岸可能是你過去的生活型態、工作、學業、人際關係、戀情、計劃好的未來、信念、自我認同、價值觀等等。這個離開已知朝向未知走過去的「之間」地帶，之所以令人感到害怕，正是因為熟悉的事物消失了，而我們的大腦認為「熟悉」就是「安全」。有時候，待在「之間」實在太恐懼，所以許多人會轉身回到熟悉的地方——枯死的關係、沒有熱忱的工作或生活樣貌、舊有的自我認同，因為當未知太難以承受，大腦就會想回去尋找熟悉的人事物。

若要成長，你就必須要讓自己能夠待在這個「之間」地帶夠久。其實，「之間」代表一個新的開始，如果你能夠容忍未知，讓自己繼續在「之間」走著，就有可能抵達一個你從來沒想過的新世界——可能是和過去截然不同的生活方式、人生態度、價值觀，或是不一樣的職涯道路。

改變不僅僅是你願意接觸新事物，還要願意放下與捨棄某些部分的舊事物、舊自我。每一種成長與改變都需要你願意踏入「之間」，願意離開舊的岸，才有機會抵達新的地方。

二〇二〇年的疫情雖然帶來許多焦慮，但我內心有一部分想著：啊，我又踏入「之間」地帶了！我的價值觀、自我認同、對未來的想像，這些本來要落地扎根的東西，因為疫情又開始挪動轉變。對於這次進入「之間」，我反倒多了一點好奇心：不知道疫情的混亂會對我造成什麼改變？疫情結束後，我會成為什麼樣的一個人？

人生中每一個挫敗、困境、不如預期的事情，都是一個讓自己踏入「之間」的機會。

你願意讓自己踏入「之間」嗎？

## 學習向生命「投降」

生命中唯一能確定的事情，就是它會不斷改變，這個世界無時無刻都在變化。《享受吧！一個人的旅行》的作者伊莉莎白・吉兒伯特（Elizabeth

Gilbert）在二〇二〇年一場談論疫情的演講中說：「這個世界正在做它的工作，它的工作就是不斷改變，有時候改變得很劇烈、有時候改變得很突然又快速。」

聽完她的演講不久後，我看到吉兒伯特在她的臉書貼了一張照片，是她的日記本其中一頁，上面寫著：「你很害怕向生命投降，因為你不想要失去控制。但其實你從來都沒有控制，你有的只是焦慮。」

讀到這句話時，我盯著「投降」這個詞許久。我猜想，許多人看到「投降」這個詞時，心中會充滿負面含意——投降就是輸了，就是失敗。世界著名靈性作家艾克哈特．托勒（Eckhart Tolle）解釋：「投降」，就是向生命說「好」。向生命投降，並不是放棄生命，而是放棄「對抗」生命，放棄抗拒事實。

當我們不斷對抗事實，就可能陷在對抗的狀態中。你可能會不斷抱怨：「為什麼會發生這樣的事情？」「為什麼疫情要把我的計劃打亂？」「為什麼這件事會發生在我身上，太不公平了！」「他怎麼可以對我做這樣的事？真是太過分！」當我們卡在對抗事實狀態，就會陷入怨懟和憎恨當中。

向生命「投降」，就是可以接納。你或許可以這樣想：對，雖然我不喜歡，但是這件事情的確發生了，而我接下來想怎麼做？我要怎麼面對？

## 放掉控制，擁抱未知

我猜想，要願意放掉「人生照著我的規劃進行」的控制感，對許多人來說是一件很困難的事情。至少對我來說，非常困難，我也還在不斷學習中。

許多痛苦都來自於生命的展開和自己預期的不一樣。當我們願意放棄抵抗事實，願意放掉去控制「我的人生應該要這樣過才對！」，願意放下自己的「預期」，才能接納自己真正的生命狀態與樣貌，好好活著。

如果能夠放掉想要控制人生的幻想、願意去擁抱未知與不確定性，你就能夠讓自己踏入「之間」。在這個「之間」地帶，你多了許多空間，可以探索、可以發現、可以有各種新的可能。

從舊的自我到新的自我，你必須穿越「之間」。當然，在「之間」地帶很不舒服，因為舊的自我消失了，新的自我還沒長出來，所以會有一段期間，你發現自己誰也不是。在這裡，你必須讓自己和未知與不確定性共處；

你要能夠放掉不再適用的自我認同，放掉過去，並感受失去所帶來的哀傷；你要同時能夠一手握著某些舊的自我，另一手握著那些慢慢長出來的新自我；你要抱有信念，相信這個「之間」需要花點時間，才能塑造新的自我。

如果你現在已經進入到「之間」地帶，那麼，恭喜你！請讓自己擁抱未知與不確定性，然後繼續走、繼續前進。

你會抵達下一個階段，會看到另一端新的岸。

# 24 價值觀是你的北極星，幫助你指引方向

如果人生就像大海行舟，我們每個人都在各自的船上，走著屬於自己的航程。偶爾，我們會遭遇暴風雨，這些暴風雨可能是經歷失去、挫敗、困境等等，這些暴風雨可能會帶來混亂，讓我們在人生大海中迷失方向，忘了自己在哪裡，要往哪裡去。

而價值觀就是你的北極星，幫助你指引方向。我們必須先找到自己的價值觀，才能知道人生航程要往哪裡走，不然就是在茫茫大海中漫無目的地漂浮著。

## 找出自己的北極星

價值觀是一個人心中的準則和依據，當我們的生活樣貌符合內心的價值

觀時，就能感受到人生充滿意義和滿足，並能忠於自我。清楚知道自己的價值觀，能夠幫助你在困難的抉擇點上做決定。價值觀更是幫助我們度過困境與挑戰的支柱，讓你在經歷挫敗與混亂後，還看得見方向在哪裡。

以下是一些常見的價值觀清單，請你閱讀以下列出的價值觀，然後勾選三個你覺得最重要的「核心價值」。每個人的人生都有不同的優先順序，價值觀也不會相同，所以不管你選出哪三個價值觀都沒有對錯，這是你的人生中對你而言重要的事。

□負責任　□獨立自主　□正直　□功成名就　□高社經地位
□名氣與聲望　□金錢財富　□幫助他人　□做到完美
□專業能力　□關心他人　□貢獻社會　□與人連結
□健康　□誠實　□謙虛　□勇氣　□創造力　□好奇心
□公平正義　□家庭　□財務穩定　□自由　□友情　□感激
□學習與成長　□工作穩定　□喜悅與快樂　□領導　□愛
□熱忱　□改變　□開放心胸　□探索世界、旅遊　□野心與權力

□物質滿足　□安逸穩定　□舒適　□其他：＿＿＿＿＿＿

## 過一個符合價值觀的人生

美國社工系教授布芮尼．布朗在著作《召喚勇氣》（*Dare to Lead*）這本書中，花了一個章節談論價值觀的重要。她說，許多人都能「說出」自己的價值觀，但只有非常少數的人，是真的能夠把這些價值觀轉化為行動，去「執行」符合核心價值的生活。

用說的很容易，做起來卻很困難。當我反思自己的價值觀時，我發現自己也常常停在「只是說說」而已，沒有真的去執行。

譬如，我選出自己的核心價值觀是「勇氣」、「與人連結」及「學習與成長」。我希望我過的人生是勇敢的、與人有真摯的連結，以及能夠不斷讓自己學習和成長。但是仔細檢視自己過去的行為後，我發現我常把時間花在工作和累積成就上，犧牲與人連結的機會。我也常選擇舒適容易的事情而非勇敢困難的事，讓自己躲起來，不敢跟別人說我內心真正想講的話。當我們做出不符合價值觀的行為，就可能會覺得和自己失去連結。

布朗教授建議，當我們選出核心價值後，還要仔細思考並列出：當你做出哪些行為表示在執行自己的核心價值？哪些行為表示你正悖離自己的核心價值？

於是我也開始思考，並試著列出符合與不符合核心價值的行為。以「與人連結」為例，以下這些行為表示我在執行自己的核心價值：花時間與人好好相處；在相處時真正去傾聽和了解對方；能夠去欣賞對方的獨特和優點。相反地，當我做出以下行為時，我正在悖離核心價值：當我開始做比較（覺得自己較優越或不如人），當我內心出現評價人的想法，當我開始想要證明或表現自己。當我意識到自己出現這些行為時，我需要暫停下來，檢視內心發生什麼事情。

對於「勇氣」這個核心價值，符合我的價值觀行為包含：讓自己現身面對（不管是面對外在事件，還是內心世界），表達內心想說的（向別人表達我內心真正想說的話、願意拒絕、建立界線等等），以及能夠待在不舒服中（像是參與困難的對話，而非靜默）。而以下行為表示我悖離了「勇氣」這個價值：我選擇做簡單容易的事情；我去討好別人而非表達自己內心的想法；我躲起來不發聲不現身。

當我寫下具體行為後，我覺得生活方向清晰明確了許多，這些核心價值和具體行為就像是指引，讓我知道每一步該怎麼走，該怎麼做決定。如果你願意，也請你寫下三個核心價值，然後分別列出三個符合與不符合核心價值的行為。

**價值觀1：**＿＿＿＿＿＿

符合這個價值觀的行為：＿＿＿＿＿＿

不符合這個價值觀的行為：＿＿＿＿＿＿

**價值觀2：**＿＿＿＿＿＿

符合這個價值觀的行為：＿＿＿＿＿＿

不符合這個價值觀的行為：＿＿＿＿＿＿

**價值觀3：**＿＿＿＿＿＿

符合這個價值觀的行為：＿＿＿＿＿＿＿＿＿＿

不符合這個價值觀的行為：＿＿＿＿＿＿＿＿＿＿

## 每一天，你要對什麼說「好」和「不好」？

澳洲作家布羅妮・韋爾（Bronnie Ware）長期照顧臨終病人，從這些病患身上，她聽到許多人述說生命的遺憾，於是，她開始記錄這些臨終者的遺憾，寫成書《和自己說好，生命裡只留下不後悔的選擇：一位安寧看護與臨終者的遺憾清單》（*The Top Five Regrets of the Dying*）。

臨終病人最常說出的五種遺憾包含：我希望能夠活出忠於自我的人生，而非別人期望我過的人生；我希望自己沒有那麼努力工作；我希望有勇氣可以表達自己的感受；我希望有持續跟朋友保持聯絡；我希望讓自己更快樂。

在讀這本書時，我不斷停頓下來，去消化、吸收和感受這些文字。這些病患走到了人生最後一小段路，回頭看自己的人生旅程時，他們後悔一生都是在過著別人的期望；他們後悔把時間放在追求成就而失去許多關係；他們後悔沒有把心中的情緒和感受讓人知道；他們後悔沒有給友情足夠的時間和努力；他們很想念朋友；他們發現自己的人生卡在熟悉感和安逸中一點都不快樂；他們後悔沒有做改變；他們後悔自己一直假裝生活過得很好……

當然，人生有很多種活著的方式，你的每一個抉擇都沒有對錯，但是，當我們不知道自己的核心價值時，就像是在大海中行走卻沒有方向。這時，來自父母或社會的期待、聲音，或是來自別人的價值觀，就變成了北極星，指引你該往哪裡走。於是，抵達人生最後一哩路時，你才意識到原來自己一生都是照著別人的指示走。

當我們有清晰的核心價值觀，就擁有明亮的北極星——那顆屬於你自己人生的北極星，指引著你該往哪裡前行，該如何做決定，讓你在經歷挫敗後，依舊看得清楚方向。

美國心理治療師格雷琴．施默策（Gretchen Schmelzer）博士說，她覺得人生最困難的四個字是：「好」（Yes）、「不好」（No）、「哈囉」（Hello）與「再見」（Goodbye）。

「好」和「不好」決定你每天如何過生活，花多少時間和精力在哪些事物上。每當你對一件事情說「好」，同時就在對其他事情說「不好」。而

「哈囉」和「再見」決定你能不能踏入「之間」地帶——每一個新的開始，除了要能夠對新事情說哈囉，還要有勇氣放掉熟悉感，對舊事物說再見。而你的核心價值，幫助你每天決定要對什麼說好、不好、哈囉，以及再見。

**人生有許多面向無法自己控制。我無法掌控自己的生命還有多少時間，但是我可以掌控在剩下的生命旅程內，自己要如何活著。**過去這一年多來，我養成一個習慣，每天早上起床時，我第一句話會說：「謝謝生命又給我新的一天。」而我希望我剩下的人生，每一天都可以努力過著符合我核心價值的生活。

我也期許，你接下來的每一天，都可以過著符合你的核心價值的生活。

# 25 你願不願意讓自己重新開始？

前陣子，我和一位博士班同學聊天，同樣身為在美國的「外國人」，我們回顧著博士班生活、工作，以及二〇二〇年爆發的疫情和種族歧視衝突事件對我們的影響。電話中，朋友說著：「我以前都覺得以後要留在美國工作，但這個疫情讓我重新檢視了人生的優先順序，讓我現在對未來有了不一樣的想法。」他繼續說：「但是，我的家人都覺得我應該要留在美國工作，他們不斷說：『你要記得你當初來美國念書時的初衷！』」

「莫忘初衷」四個字，我相信大家一定都很熟悉，這四個被大力讚揚的字，告訴你要記得當初為什麼做這件事，要你堅持下去。當然，莫忘初衷很好，但這四個字也帶著沉重的束縛──這個來自「過去的你」所建立的信念和自我認同，「現在的你」卻還要繼續背負。

「當時的初衷，是六年前的你決定的，」我回應他：「六年前的你根據當時的生命經驗和想法，做了決定。但是現在的你不一樣了，你增加了不一樣的人生經驗和智慧；你有不同的資源和想法，現在的你可以重新檢視和決定你要什麼。」

當你的內心告訴你莫忘初衷、要繼續堅持時，我們能不能暫停下來檢視一下：我到底在堅持什麼？這些堅持從哪裡來？

## 「你是誰」也不斷在改變

除了生活熟悉所帶來的安全感外，我們長期所擁有的自我認同也是一個帶來安全感的來源。就算某些自我認同很負面，但對大腦來說，熟悉的東西就有安全感，所以你還是會一直攜帶著。邀請你思考以下問題，寫下你有哪些自我認同：

你是誰？

你是什麼樣的人？

別人會怎麼形容你？
什麼事情對你重要？
你擅長什麼？不擅長什麼？

你寫下的這些，或許是跟著你十幾二十幾年的自我認同，我想邀請你花一點時間反思：你攜帶這些自我認同多久了？你多麼相信這些描述是真的形容你？你因為這些自我認同做了哪些事情？沒做哪些事情？這些自我認同如何影響你做決定？

然後想一下：如果這些自我認同不是真的，或是其實還有其他選項，那會是什麼樣子？

在諮商室中，我很常碰到個案害怕做改變，其中一個原因來自於害怕改變「我是誰」。個案們說：「我很怕我的朋友或家人說『你變了！』」或者，他們想嘗試的新事物，並不符合過去「他們是誰」的認同，因此讓他們遲遲不敢行動。

的確，對成年人來說，要放掉舊有的身分和認同十分困難。有一句諺語叫做「老狗耍不出新把戲」，但或許不是老狗無法學習新的戲法，而是舊的把戲太熟悉、太難放手捨棄了。

但是，每個人的自我認同都是不斷進化與改變的。隨著人生不斷往前，你會累積新的人生經驗、想法、感受、資源，這些都會影響著你不斷演進的自我認同。你在某個人生階段重視的事情，可能不再是下個階段重要的事。而我們必須願意放手，放掉那些不再適用的自我認同。

再邀請你回去讀你寫下的自我認同，想一想：這些自我認同是怎麼來的？是當初的你自己建立的呢？還是父母或老師灌輸給你的？哪些自我認同是經過你檢視過後決定保存的？哪些是你未經思索直接從原生家庭中下載而來的？又有哪些是這個社會或文化告訴你的？以及，非常重要的，你覺得這些自我認同對於現在的你還適用嗎？

今天的你，可以重新決定你是誰，要攜帶哪些自我認同。明天的你，也可以再次檢視哪些自我認同要放掉？哪些要拾起？哪些需要重新塑造？

自我認同可以不斷改變，比起擔心「自己變了」，我們更應該擔心自己「沒有任何改變」，因為沒有改變就表示沒有成長，表示停止活著。

美國心理系教授拉文娜・赫森（Ravenna Helson）追蹤了一百二十位女性長達五十年，並檢視這些受試者的個性、特質、自我成長。這些受試者中，有許多人在六十歲到七十歲之間，有顯著的正向特質成長與改變。赫森教授說，要改變自己永遠都不嫌晚，就算到了六十歲，你還是可以改變自己，讓自己成為你想要成為的人。

前陣子我讀了梅伊・馬斯克（Maye Musk）的自傳，梅伊・馬斯克是世界著名創業家伊隆・馬斯克（Elon Musk）的母親，也是一位營養師和模特兒。今年七十二歲的梅伊・馬斯克持續從事模特兒拍照的工作，她在書中寫著，她的每一年都比前一年更精采，越老越快樂。她的社群網站上更是標記著「七十二歲真是太棒了」（#ItsGreatToBe72）。

梅伊・馬斯克曾經經歷家暴與許多挫敗，看到她如此充滿生命力地活著，更讓我相信：**不管你現在幾歲，處在人生什麼階段，過去經歷哪些挫敗或困境，你都有機會做改變，成為你想要的人。**

只要你願意讓自己重新開始。

## 再一次，重新啟航

我們每個人都在自己的人生航程中，對於在讀這本書的你，我很榮幸可以藉此與你的人生航程有了短暫交會。

接下來我們各自的人生航道會發生什麼事，沒有人知道，也沒有人可以預測，但我們自己是那個掌舵的人，我們可以決定船隻要朝哪個方向前進。你的價值觀是北極星，你的情緒和感受是你的羅盤，如果好好傾聽情緒傳遞的訊息，它正在告訴你：你喜歡什麼、不喜歡什麼、人生哪些事情對你重要，以及，下一步要往哪裡走。

不可避免的，人生航道中會經歷暴風雨，可能是失去、心碎、挫敗和各種不如預期的事情，經歷暴風雨時，你需要慢下來，讓自己去感受情緒，去覺察內心想法，去倚靠信任的人。人與人的連結就像是個安全的港口，讓你的船隻可以暫時停靠、休憩、避難。

雖然停在港口令人感到安心，充滿熟悉感，但是船是被建造來航行的，不是永遠停靠在港口的。當然，你需要花點時間重新補充船隻需要的燃料，修復破碎的地方，然後，你也需要讓船隻重新離開港口，再度出發。

同樣的，不管經歷多少次失去、失敗、心碎或挫折，我們需要在休息好之後，願意離開港口，重新啟航。要讓自己重新回到充滿未知的大海，願意再去愛人與被愛，願意再次接受新挑戰，願意再去探索與發現，以及願意再次迎接下一場暴風雨。

**不管經歷過幾次暴風雨，你都願意重新啟航，這就是復原力，**

法國作家馬塞爾．普魯斯特（Marcel Proust）說：「真正的發現之旅不在於尋找新大陸，而是以新的眼光去看事物。」每一次的失敗、心碎或挫折，都在幫助你成長與改變，幫助你淬鍊出新的眼光。而每一次的重新啟航，你會帶著不一樣的新眼光，重新看待你的人生和你自己。

我不知道在讀這本書的你，現在處在人生航程的哪一個階段。你可能目前一帆風順，或正在經歷暴風雨，或者你可能正在港口休憩，又或者，你剛重新啟航、回到大海中，對於接下來會發生什麼感到緊張。不管你現在在哪裡，我都希望這本書可以給你一點力量，幫助你可以一次又再一次的，重新出發。

我相信，我們每個人都擁有可以讓自己復原的能力。這些復原力在你內心裡，你只需要願意向內心走去，就可以找到復原力。

最近剛好讀到心理學家希瑪．布萊恩—戴維斯（Thema Bryant-Davis）博士寫的一段話，我想把這段話送給閱讀這本書的你。她寫著：「破碎的心可以再度去愛；被延遲的夢想可以再有機會被實現；焦慮不安的心可以再次找到平靜。有些結束正是個開始。」

當舊有的事物結束了，不再適用了，新事物就會被創造，就會誕生了。而你願不願意，一次又一次地，讓自己重新開始？

〔後記〕

# 走進內心世界，找到復原力

二〇二〇年爆發的新冠病毒疫情，啟發我寫了這本書。因為看到疫情帶來許多混亂，讓許多人經歷挫敗與失去，所以我想藉由這本書幫助大家建立復原力，來度過這些困境。

而我完全沒有預期到的，是寫這本書對我自己的影響。寫書的過程中我讀了非常多資訊，聽了許多演講，也因為訪談朋友聽到一些故事。在我把這些資訊串聯起來的過程中，我自己深深受到啟發，做了不少改變。

寫書的這幾個月內，我嘗試了好幾樣過往覺得自己不可能辦到的事情，我放下了一些攜帶許久的自我認同，我更有勇氣去面對和表達內心想說的話，我看待失敗和挑戰的方式不一樣了，我似乎更能擁抱未知與不確定性，人生中對我重要的價值觀變得更清晰，我也認識了從來不曾挖掘的自己的一些面向，以及，我開始用不一樣的方式自我照顧，練習愛自己。

因為寫這本書，我變得不一樣了，連我對於自己的這些改變，都感到很訝異。

曾經在一本書上讀過一句話：「作者寫他們需要學習的東西。」寫完這本書後，更讓我深信：是啊，復原力是現在的我正需要學習的。我以為這本書是要幫助別人，卻是深深幫助了我自己。

我不是專家，我是一位學習者，寫作是我學習的方式，而我也希望，這本書的某些內容能夠引起你的共鳴，帶給你一些改變，或許，你也會有一些自己都意想不到的轉變。

## 不管到哪裡，你都和自己在一起

寫這本書對我造成最大的改變，就是我和自己的關係。

因為疫情，我任教的學校改成線上上課，剛開始線上工作時，因為長時間坐在螢幕前，我幾乎每天結束時都會頭痛、肩頸痛。第一個禮拜結束後，我意識到，疫情會再持續好一陣子，若要度過這樣的工作型態，我需要確保我的身體支撐得下去。

過去的我其實並不會認真傾聽身體發出的訊號，我常常活在「大腦」掌控中：「再忙一下就好，先把這件事情做完，頭痛等一下吃個止痛藥就好。」對以前的我來說，完成工作最重要，每次都是當身體累積到發出無法忽視的疼痛感後，我才會停下來休息。

我理解到，原來過去的我並沒有真正照顧好我的身體，雖然我有規律運動和睡眠，也盡量健康飲食，但這些在我心中就是「形式上」的自我照顧，好像有做到這些，就可以在框框裡打勾說：「對，我有照顧自己！」而平常其他時刻，我經常忽略身體需要什麼，在跟我說什麼，就算覺察到身體的訊息，我也沒有因此做回應。

原來，過去的我一直在告訴我的身體：你的感受並不重要！

因為線上工作，我告訴自己：「身體要陪我度過疫情，我需要好好照顧她！」於是，我開始專注傾聽身體有哪些感受、哪裡需要被支持，更覺察我的呼吸狀態和身體姿勢，在身體發出不舒服訊號時做調整，讓自己休息、伸展、喝水，以及讓身體活動。

然後我理解到，其實不僅僅是疫情，過去我人生中發生的所有事情——開心的、難過的、心碎的、失望的，我每一段人生經歷，身體也都在，她一直陪伴著我，支持著我。我的身體撐起一個遼闊的空間，容納我的所有感受、情緒和經驗，不管是過去或將來，不論人生發生什麼事，我的身體都會繼續陪著我。

過去，我總會帶著「哪裡不夠好」的評價眼光來看待自己的身體，而這是第一次，我對身體充滿了感激，感激她一直陪伴我度過這麼多事情。我也了解到，每一個人的身體，不管是什麼樣貌或型態，都忠心耿耿地陪伴著我們，都非常美麗。

因為寫這本書，我有機會更認識自己，和自己更親近。我想，復原力就是不管發生什麼事情，你知道你還有你自己——你有個身體支撐著你，你有個遼闊的內心，足夠容納你所有的情緒與感受。

人生這條路上，不管身邊有多少人，到頭來，我們還是和自己在一起。每一種情緒和感受，都是你和你自己一起去承受和經歷，只有你自己知道每一種情緒是什麼感覺，每一次的心碎、失敗、和失去又是多麼地痛，而這個會陪伴你最久的「你自己」，值得你細心溫柔地照料。

## 因為復原力，我們現在在這裡

在這本書中，我介紹了如何建立復原力：復原力在情緒與身體裡，你要能夠辨認情緒，與情緒共處，以及調節身體狀態；復原力在大腦中，你要能夠覺察到僵化思考模式，用更有彈性的方法去看待失敗與挫折；復原力在人際關係中，你要能夠建立真摯的人際關係連結，願意向別人展現脆弱和真實的自我；復原力也來自於在每次危機過後，你能夠從中帶走什麼意義，如何繼續向前。

**我們每個人都擁有復原力，擁有足夠的力量去面對人生航道上的各種風雨。復原力一直都在你的內心裡，你要做的，就是走進自己的內心世界裡，找到你的內蘊力量和資源。**

二〇二〇年的疫情讓我體會到，地球上所有人類之間的連結是如此緊密相關連。美國精神科醫師丹尼爾・席格提出了「我我們」（MWe）這個概念。他說，每個人各自是獨立的個體「我」（Me），但也相互連結成「我們」（We），如果能夠結合這兩個認同，把「我」和「我們」加起來，就能成為「我我們」（MWe）。

我是我，也是我們——當我照顧你，就是在照顧我自己；當我愛護地球，也是在幫助我自己。「我」的概念不只存在自己的身體裡，也存在人群連結裡，存在這個地球上。一場疫情也讓我們理解，唯有用「我我們」的角度防疫才能成功，我們不能只自私地想著自己要什麼，而是要同時保護其他人，尤其是風險較高的族群。因為保護別人，就是保護你自己。

所以我想邀請你，開始練習用「我我們」的角度去過生活。每當你做決定時，不僅想著這決定會如何影響自己，也要想著這些行為會如何影響到其他人，影響這個地球，以及如何影響著後代。當我們能夠用「我我們」的角度過生活，或許看待人生中所發生事情的眼光就會很不一樣。

## 從你內心的集中營走出來

寫這本書時，我腦中不斷想到婚家治療師艾絲特·佩萊爾提到的兩群人：一群人從集中營存活後「沒有死亡」，另一群人則是「活了回來」。

在修書稿時，全世界已經有超過五千萬人感染新冠病毒，有超過一百萬人因為感染而死亡。這場疫情讓我理解到生命多麼無法預期，可以如此脆弱。因為祖先的復原力，讓我們來到這個世上；也因為我們的復原力，讓生命可以傳承下去。不管你過去曾經發生什麼事，因為你的復原力，讓你現在得以在這裡——你存活了。

而接下來，你可以選擇要用什麼樣的方式繼續活著——「沒有死亡」，還是「活了回來」。

最近我讀到了伊蒂特・伊娃・伊格（Edith Eva Eger）博士的書《禮物》（*The Gift*）。今年九十多歲的伊格博士是猶太大屠殺集中營的存活者，在她十六歲時被送進了奧許維茲集中營，父母與當時男友都在集中營中身亡。

集中營解放後，伊格博士說她有二十年的時間沒有跟任何一個人說過她曾經待過集中營，倖存者內疚讓她無法原諒自己，像是畢業典禮時她沒去參加，因為她認為只有她存活，不應該慶祝或開心。解放後三十年，她讓自己重新回到奧許維茲集中營，開始面對和處理心中的創傷。

伊格博士在一場訪談中說：「我根本不需要希特勒，我內心就有一個集中營，把我關在裡面二十幾年。最大的集中營在我們的內心，而鑰匙就在你身上。」

或許，因為過去發生的事情，你也被關在內心的集中營裡——過去的失敗、心碎、困境，可能讓你覺得自己不值得再被愛，覺得自己不夠好、充滿羞愧、無法信任人、不敢嘗試、對傷害你的人充滿憎恨、對人生充滿怨恨，這些，都讓你把自己關在內心的集中營裡。

而你可以從內心的集中營走出來，鑰匙在你身上。復原力，就是你能夠進到內心，找到這個鑰匙，打開門，走出內心的監牢，讓自己重新活回來。

祝福我們都能夠在剩下寶貴的生命中，讓自己活回來，活著屬於你自己的精彩。

**尋找復原力**

人生不會照著你的規劃前進，勇敢走進內心，
每次挫敗都是讓你轉變的契機

作者／留佩萱
封面・內頁繪圖／有隻兔子

主編／林孜懃
封面設計／謝佳穎
內頁設計排版／陳春惠
行銷企劃／鍾曼靈
出版一部總編輯暨總監／王明雪

發行人／王榮文
出版發行／遠流出版事業股份有限公司
地址／104005 台北市中山北路一段11號13樓
電話／（02）2571-0297　傳真／（02）2571-0197　郵撥／0189456-1
著作權顧問／蕭雄淋律師
□2020年12月 1 日　初版一刷
□2023年 9 月25日　初版七刷

定價／新台幣360元（缺頁或破損的書，請寄回更換）

ISBN 978-957-32- 8909-8

YLib 遠流博識網 http://www.ylib.com E-mail: ylib@ylib.com
遠流粉絲團 https://www.facebook.com/ylibfans

國家圖書館出版品預行編目(CIP)資料

尋找復原力：人生不會照著你的規劃前進,勇敢走進內心,每次挫敗都是讓你轉變的契機/留佩萱著. -- 初版. -- 臺北市：遠流出版事業股份有限公司, 2020.12
面； 公分
ISBN 978-957-32-8909-8(平裝)

1.自我實現 2.成功法

177.2 109017468